U0536143

如歌的教育历程

卢梭《爱弥儿》如是说

李平沤 著

商务印书馆
The Commercial Press

图书在版编目(CIP)数据

如歌的教育历程:卢梭《爱弥儿》如是说/李平沤著.—北京:商务印书馆,2021
ISBN 978-7-100-19246-0

Ⅰ.①如… Ⅱ.①李… Ⅲ.①卢梭(Rousseau,Henri 1844—1910)—教育思想—研究 Ⅳ.①G40-095.65

中国版本图书馆 CIP 数据核字(2020)第 252975 号

权利保留,侵权必究。

如歌的教育历程

卢梭《爱弥儿》如是说

李平沤 著

商 务 印 书 馆 出 版
(北京王府井大街36号 邮政编码100710)
商 务 印 书 馆 发 行
北京通州皇家印刷厂印刷
ISBN 978-7-100-19246-0

2021年4月第1版 开本 850×1168 1/32
2021年4月北京第1次印刷 印张 9 3/8
定价:48.00元

序

20世纪60年代，商务印书馆约我译卢梭的《爱弥儿》，译文脱稿后，在即将发排付梓之际，"文化大革命"开始了，稿子的出版工作遂告停顿。直到70年代末，拨乱反正，一切又才重新步入正轨。这部在书橱里存放了十余年的稿子，才拂去尘封，排上出版日程，于1978年6月首版问世。

现在，时代的车轮进入了21世纪，自拙译完稿搁笔，至今已时隔40余年，要从头再读原书，从这部长篇巨制中撷其精微，剖析义理，站在时代的前沿加以解读，实非易事。为准备此书，笔者重新研读原书和卢梭在此书发表之前及之后的著作，唯卷帙浩繁，学力有限，虽反复阅读，但心得不多，理解亦不够深入和全面，好在抛砖引玉，可以得到读者的指正，故不揣谫陋，将点滴体会整理成文，呈献给读者。

在西方的教育史上，卢梭的《爱弥儿》是一部经典著作，书中阐述的许多思想和原理，哺育了现代教育学。瑞士的佩士塔罗奇（1746—1827）、德国的弗洛贝尔（1782—1852）和意大利的蒙特梭里（1870—1952）都从《爱弥儿》中吸取营养，丰富和发展了他们在幼儿教育及青少年教育方面做出的贡献。

不过，《爱弥儿》不完全是一本只专门探讨教育问题的书，正如卢梭在回复一位读者的信中所说的：《爱弥儿》是"一本哲学著作，它的目的是在论证作者在他的其他著作①中提出的这一命题：'人天生是善良的'"②。

细读全书，的确如此。卢梭在此书卷首开宗明义的第一句话就说："出自造物主之手的东西，都是好的，而一到了人的手里，就全变坏了。"（第5页）③ 如何才能使人不变坏呢？最好的办法是：保护他的天性不受恶劣的社会环境的败坏，把他培养成为一个具有抵抗社会毒害能力的人。为了论证他的理论，卢梭虚构了一个名叫"爱弥儿"的学生，从这个学生诞生，一直把他培养到进入社会，这时候，卢梭告诉人们：爱弥儿"从我的门下出去，我承认，他既不是文官，也不是武人，也不是僧侣④；他首先是人：一个人应该怎样做人，他就知道怎样做人"（第13页）。卢梭把教育的功能，从知识的传授提高到了对天性的呵护和道德的培养上。这部洋洋洒洒、以简明畅晓的文笔阐发深奥哲理的著作，苦心经营，其主旨全在于此。

---

① 这里所说的作者的其他著作主要指他的《论科学与艺术的复兴是否有助于使风俗日趋纯朴》（1750）和《论人与人之间不平等的起因和基础》（1755）。
② 见《卢梭书信集》，第21卷，第248页。
③ 见卢梭：《爱弥儿》，商务印书馆2001年10月第9次印刷，上卷，第5页。以后引用此书的文字，只在引文后面加括号注明页码，如此处的"（第5页）"。
④ 在18世纪的法国，僧侣的社会地位是很高的，在"三级会议"里，僧侣的代表属于第一等级。

笔者解读此书所用的版本，是商务印书馆出版的拙译《爱弥儿》2001年10月第9次印刷本。

正文后面的附录《朱莉论儿童教育》，摘自卢梭著《新爱洛伊丝》第5卷书信三。这封书信，实际上是一篇教育论文；书中的主人翁朱莉在儿童教育方面的见解，可以说是对卢梭在《爱弥儿》中陈述的论点的最佳诠释。

目　录

上篇　绪论

一、卢梭为《爱弥儿》付出了沉重代价 ……………………………… 3

二、卢梭教育思想的萌发和理论体系的形成 …………………… 12

三、《爱弥儿》是卢梭哲学思想的一部集大成的著作 ………… 20

四、《爱弥儿》的写作方法 ………………………………………… 27

五、《爱弥儿》中的人物和各卷的内容 …………………………… 34

　　1　《爱弥儿》中的人物 ………………………………………… 34

　　2　各卷的内容简介 …………………………………………… 36

中篇　如歌的教育历程

一、人生的第一个时期 ……………………………………………… 57

　　1　人要受三种教育 …………………………………………… 57

　　2　对天性的呵护应始自孩提 ………………………………… 64

　　3　自然的教育的双重作用 …………………………………… 72

	4 婴儿的啼哭	80
	5 孩子的牙牙学语	82

二、人生的第二个时期 84

1 童年的基本状况 85
2 童年时期的思维 88
3 消极的教育 102
4 本章的小结 107

三、童年的第三个阶段 109

1 好奇心——孩子寻求知识的动力 110
2 "这有什么用处?" 111
3 判断力的培养 114
4 "我对书是很憎恨的" 116
5 他为什么让爱弥儿读《鲁滨逊漂流记》 120
6 一桌盛宴引发的思考 123

四、我们所施行的教育到这个时期才开始 126

1 一个重大的抉择 127
2 我们即将进入社会的大门 128
3 一个萨瓦省的牧师的信仰自白 136
4 《信仰自白》惹祸殃 144
5 如何使他身临危险而心不受危险 153

五、游历归来始成家 157

1 女子与男子的教育有所不同 158
2 健康的夫妻生活 161

  3 现在是到了让苏菲和爱弥儿相会的时候了 …………… 163
  4 终身伴侣慎选择 …………………………………………… 170
  5 游历是教育的一个组成部分 …………………………… 173
  6 《爱弥儿》和《社会契约论》…………………………… 178
  7 在地上也如同进了天堂 ………………………………… 184

六、《爱弥儿和苏菲》……………………………………………… 188

七、本篇的小结 …………………………………………………… 191

下篇 教育是百年大计

一、《爱弥儿》中的几个基本论点和教育原理 ……………… 195

二、政治教育从尊重人格开始 ………………………………… 201

三、道德教育 步武先贤 ……………………………………… 209

四、美学教育 取法自然 ……………………………………… 215

五、需要注意的是他说话的动机 ……………………………… 220

六、寓言什么时候学才能产生积极的效果 …………………… 224

七、卢梭的宗教思想 …………………………………………… 228
  1 迷途知返的羔羊又跑出了羊圈 ……………………… 229
  2 卢梭的宗教思想的形成 ………………………………… 233
  3 卢梭致函博蒙大主教 告诉他《信仰自白》的内容 …… 239
  4 本章的小结 ……………………………………………… 243

八、卢梭笔下的女性 …………………………………………… 246
  1 一篇批评男权的文章 …………………………………… 247
  2 两个令人喜爱的女人 …………………………………… 249

  3 本章的小结 ·· 251

结束语 ·· 253
附录一 朱莉论儿童教育 ································ 258
附录二 卢梭年谱 ·· 290
附录三 参考书目 ·· 303

上 篇
绪 论

《爱弥儿》这本书，我花了二十年心血思考和三年时间写作，才全稿完成。①

——卢梭

人人必读的书在全世界也许只有五本，《爱弥儿》就是其中之一……如果我不谈一下《爱弥儿》对我们这个世纪产生的影响，我将犯一个不可饶恕的罪过。现在，我要明确指出：这本书在现代的欧洲引发了一场彻底的革命。这本书的出版，是欧洲各国民族史上的一件划时代的大事。自从这本书出版以来，法国的教育完全变了样。谁改变了教育，谁就改变了人。②

——夏多布里昂

---

① 卢梭：《忏悔录》，巴黎"袖珍丛书"1972年版，下册第8卷，第95页。（以下凡引该书，仅注书名、卷次、页码。）

② 夏多布里昂：《革命论》，第2部分，第26章。参见李平沤选编：《法国散文精选》，北岳文艺出版社1999年版，第233页。

一、卢梭为《爱弥儿》付出了沉重代价

卢梭花了20年心血思考和3年时间写作的《爱弥儿》，为他换来的是8年颠沛流离、到处被人驱赶的流亡生活。

卢梭的《爱弥儿》，全书共5卷，大部分写作于法国巴黎北郊的蒙莫朗西。

在蒙莫朗西，卢梭和卢森堡元帅及其夫人结下了诚挚的友谊。① 由于元帅夫人的帮助和当时担任皇家图书总监的马尔泽尔布先生的安排②，1761年《爱弥儿》脱稿后，巴黎的书商杜什纳与卢梭签订了出版合同。接着，杜什纳于同年11月和12月，分别与荷兰海牙的印刷商勒奥姆和法国里昂的印刷商让·布吕瑟签约，由这两个印刷

---

① 关于卢梭与卢森堡元帅夫妇的友谊，请参见《卢梭传》：雷蒙·特鲁松著，李平沤、何三雅译，商务印书馆1998年版，第236—238页。（以下凡引该书，仅注书名、页码。）
② 关于卢森堡元帅夫人和马尔泽尔布先生帮助卢梭出版《爱弥儿》的经过，请参见《卢梭传》，第277页。

商承印；前者负责"法国以外的地方"的发行，后者则在法国境内发行。1762年4月，海牙的勒奥姆版《爱弥儿》首先问世；5月24日，里昂的布吕瑟印刷的版本在法国亦开始发行。然而，奇怪的是：

> 这本书出版后，并不像我的其他著作那样一出版就获得一片喝彩声。从来没有哪一本书是像此书这样获得人们那么多私下的交口称赞，但在公开场合说这本书好的人，却寥寥无几。最有资格评论我的书的人，无论在我当面或写信谈到这本书的时候，都说这是我所有作品中文字写得最好和内容最为重要的著作。但我发现，他们在说这个话的时候，都带有一种极其奇怪的小心谨慎的样子，好像如果要说这本书好，就只能悄悄地暗中说才行。①

更令人迷惑不解的是：原来推心置腹、有话直说的朋友，现在在谈话和通信中都闪烁其词，吞吞吐吐，好像在打哑谜。达朗贝尔写信向他表示祝贺，但在信末为什么不签上自己的名字？布弗勒夫人写信向他致意，为什么又要他把信看完后将原信退回？卢森堡元帅为什么要他把马尔泽尔布关于《爱弥儿》出版一事的信通通还给马尔泽尔布本人？更令人莫名其妙的是，他不知道布弗勒夫人为什么无缘无故地劝他到英国去，说大卫·休谟②非常欢迎他，将一

---

① 引自《忏悔录》，第11卷，第359—360页。
② 大卫·休谟（1711—1776），英国哲学家，当时在巴黎担任英国驻法使馆一等秘书。关于大卫·休谟陪伴卢梭去英国的经过，请参见《卢梭传》，第340—343页。

路陪他到伦敦。尤其令人摸不着头脑的是：这位夫人还在信中问他是否愿意拿着一封盖有王室印章的公函到巴士底狱去住一段时间，说进了巴士底狱，就是"国事犯"，巴黎的地方法院就无权过问，就没有办法伤害他的人身。

1757年卢梭在蒙莫朗西居住的小屋蒙路易（原为17世纪修建的一座小仓库，《爱弥儿》就是在这间小屋里写作的）

卢梭是怎样看待这些令人费解的现象和朋友们婉转含蓄的报警信息的呢？他大大咧咧，满不在乎。他很自信，认为自己的书"于世人有益"，而且出版的过程"处处都合乎规矩"，因此，他把朋友们的话当耳边风，一笑置之，全不放在心里。尽管克雷基夫人6月8日用极其惊恐的语气写信告诉他说，她听到了许多不利于他的消息，为安全起见，他最好是远走高飞，离开法兰西。然而他不仅不把克雷基夫人的话当一回事，反而认为她是在危言耸听，在瞎操心。而且，就在6月8日这一天，他还和奥拉托利会的阿拉曼尼神甫和芒达尔神甫一同去远足，到尚博去品尝糕点，吃得很开心。傍晚回家，同平常一样，饭后就静静地躺在床上读《圣经》，仔细阅读了《士师记》中的以法莲山地的利未人的故事。这一天风平浪静地过去了，什么事也没有发生。

果真是风平浪静，晴空万里，没有一点乌云吗？不，恰恰相反，这时候，巴黎城中已围绕着《爱弥儿》闹得沸沸扬扬，议论纷纷,而且调门一天比一天高,官方的行动一天比一天升级。

5月31日,巴肖蒙在他的《秘密备忘录》中写道:"卢梭的书愈来愈引起人们的非议,法院和教会要联合起来收拾他。"事态的发展的确如此:6月1日巴黎大法官拉穆瓦尼翁下令查禁《爱弥儿》;6月3日警方把巴黎所有书店的《爱弥儿》通通没收;6月7日巴黎索尔邦神学院公开对这部著作提出谴责;6月9日巴黎高等法院做出决定,要正式签发"逮捕令"缉拿卢梭;6月11日,被收缴的《爱弥儿》在法院的台阶前被当众撕毁焚烧,化作一堆灰烬。①

幸运的是,在风起云涌、暴雨即将到来的前一天,孔迪亲王听到了法院即将派人捉拿卢梭的风声,于是,立即派专人给卢森堡元帅送去一封急信,通知他赶快让卢梭逃走。深夜两点钟,元帅派亲信到卢梭家把他从床上叫起,领他到元帅的府第。元帅亲口告诉他这一大难即将临头的消息。开始,卢梭不愿意接受出逃的建议,但继而一想,事情起因于《爱弥儿》,法院一追问起来,就要连累卢森堡元帅夫人和马尔泽尔布先生②,把他们推入火炕。为了不祸及友人,卢梭连家都没回,就径直从元帅府的后门,乘元帅为他准备的一辆"有篷的二轮轻便马车",由元帅的一名车夫驾辕,连夜离开蒙莫朗西。

---

① 《爱弥儿》在卢梭的家乡日内瓦也遭到同样的厄运:在巴黎高等法院焚烧《爱弥儿》的同一天,日内瓦政府也开始收缴此书及卢梭的另一部著作《社会契约论》。6月18日,日内瓦小议会举行会议,决定当众焚毁这两本书,并扬言:"如果作者胆敢来到日内瓦,就立即逮捕。"
② 累及元帅夫人和马尔泽尔布先生的事,很可能发生。因为,据卢梭后来在《忏悔录》中说,"不论说真话有多大危害",他是不会在审判官面前发伪誓和说假话的。(参见《忏悔录》,第11卷,第369—370页。)

卢森堡元帅深夜派人通知卢梭逮捕令已经下达

他先逃到了伯尔尼管辖的伊弗东，住在好友丹尼尔·罗甘家，但仅仅住了一个月，就被伯尔尼当局驱逐，不得不逃到普鲁士国王治下的纳沙泰尔，住在拉都尔夫人给他在莫蒂埃村提供的一座小房子里。1765年9月6日夜，莫蒂埃的村民在牧师的煽动下，向这个"叛教的人"的房子扔石头。冰雹似的石头投掷声把卢梭从睡梦中惊醒，他意识到在这个牧师的话就是命令的小村子里，自己的性命有不测之虞。9月12日他匆匆逃到碧茵纳湖中的圣皮埃尔岛。然而在这个小岛上，他仅仅住了6个星期，"连两个月都不到"，主管该岛治安的法官就给他下了一个"通知"，代表地方当局驱逐这个"不受欢迎的人"，而且永远不许他进入这个地方政府管辖的地区。此时正值深秋，天气寒冷，他这么一个"体弱

卢梭（左二）出逃前向卢森堡元帅一家告别（1762年6月9日）

卢森堡元帅把卢梭送到后墙门;《爱弥儿》的作者旋即出门登车,开始了长达八年的流亡生活

多病的人"到哪里去呢？正当走投无路之际，他收到了休谟邀请他到英国去的信。于是，他离开圣皮埃尔岛，起程去巴黎。在巴黎，孔迪亲王将他安顿在圣殿骑士团驻扎的寺院中的圣西门大楼里，由亲王加以庇护。1766年1月4日，他在休谟及一位名叫德吕兹的商人的陪同下，乘马车到加来，1月10日登上一条横渡英吉利海峡的客船，奔向"三年来众人在他面前极口称赞的英国"。不过，他在英国也只住了一年多，因与休谟发生误会与争吵，于1767年5月潜回法国，化名勒鲁，隐居在特里，直到1770年才恢复本名"让-雅克·卢梭"，回到巴黎。自1762年6月从蒙莫朗西出逃，到1770年夏回到巴黎，卢梭多灾多难的逃亡生活持续了八年。

《爱弥儿》有一个副标题："论教育"。一本论述教育问题的书，为什么会使法国官方和教会如此恼怒，以致下令将书焚毁并逮捕作者呢？教会说《爱弥儿》中的那篇《一个萨瓦省的牧师的信仰自白》是不承认耶稣基督的神性和教会权威的邪恶文章，而法院认为书中散布了许多宣扬自由和批评社会等级与君主制度的言论，其结果必将破坏社会的秩序和王国政府赖以存在的根基，单单这一点，就足以构成逮捕卢梭的"罪名"，把他关进监狱，按照王国政府的法令处以极刑。[①]

卢梭为《爱弥儿》这本书付出了沉重的代价。他虽逃脱了缧绁，但到处被人驱赶，几无容身之地，而且，直到1778年7月2

---

① 1757年4月16日，路易十五的王国政府颁布了一条法令，通告全国："无论何人，只要撰写或指使他人撰写和印刷反对宗教和国王权威的文章，都将被处以极刑。"

日他辞世那一天，巴黎高等法院也没有撤销对他的"逮捕令"，他的身份依然是"在逃的犯人"。

1762年巴黎高等法院台阶前的大火早已熄灭。200多年过去了，今天，人们不禁要问：卢梭的《爱弥儿》真的被那把大火烧尽灭绝，它的影响也随着一阵烟尘被消除得干干净净了吗？没有。时至今日，《爱弥儿》依然在世界各国印刷和发行，人们还在读这本书，研究书中阐述的教育、政治和哲学原理，从中受到启迪。

二、卢梭教育思想的萌发和理论体系的形成

读过卢梭《忏悔录》的人都知道，这位政治著述家和文学巨匠，从来没有上过学，连一天的正规学校教育也没有受过。然而，这个被伏尔泰称为"世界上受教育程度最差的人"[①]竟写出了一部对现代教育学产生了深远影响的《爱弥儿》。这部教育史上的名著，以小说的形式，像与读者谈心讲故事似的阐述了作者一整套教育哲学的基本原理，其情节之生动，文笔之清新，说理之透彻和结论之合乎逻辑，使德国哲学家康德也看入

---

① 伏尔泰的这句话，虽然是对卢梭的讥评，但也合乎实际。卢梭在《忏悔录》里叙及他青少年时期可以称得上是"受教育"的故事只有两三处。一次是1722年，即他10岁那年，他的父亲因和一名军官斗殴而逃离日内瓦后，他的舅父贝尔纳把他送到波塞，寄养在朗贝西埃牧师家里，跟牧师学拉丁文和一些杂七杂八的东西。还有一次是住在安纳西的华伦夫人家里。夫人见他言语木讷，举止笨拙，认为他"只配到乡下去当神甫"，因此于1729年8月把他送到修道院去学习，但只学了3个月，因为接受能力实在太差，"不是当神甫的材料"，便让他又回到夫人家。据他说，他在修道院学习3个月的全部收获，就是学会了唱《阿尔菲和阿赫都斯》这首歌。

了迷。①

卢梭开始思考教育问题，是在1740年。是年春，他由华伦夫人的朋友德邦夫人介绍，到里昂陪审团大法官德·马布里先生家去当家庭教师，教他的两个儿子。这两个男孩，大的名叫弗朗索瓦-玛丽，即德·圣玛丽先生，模样儿挺俊，就是成天贪玩，十分调皮；小的名叫让-安托万，即孔狄亚克先生，不仅蠢笨，而且"个性犟得像一头驴，学什么也学不进去"。卢梭教了一年，非但没有取得可观的成绩，两个学生反而愈来愈令人失去信心：圣玛丽更加淘气；孔狄亚克依然耷拉着脑袋，成天不高兴。一年期满后，卢梭没有得到续聘，又回到华伦夫人的家。他把他在马布里家教学效果不佳的原因，归咎于他缺乏耐心，时常发火，态度不冷静。他说："我所有的这些缺点，我看得很清楚，心里完全明白；对于学生的秉性，我也深深了解……但是，只知道病根而无补救的办法，又有什么用呢？"②尽管他在马布里家的工作失败了，但他留下了两篇可供人们研究他的教育思想发展过程的文章。这两篇文章，一篇是《关于德·马布里先生的公子的教育问题的备忘录》，另一篇是《关于德·圣玛丽先生的教育的计划》。它们包含了后来的《爱弥儿》中的一些论点的萌芽。例如他主张教学生要从了解学生入手；对学生的培养，最重要的是培养他的心灵和判断能力，其次才是传授知识。他说他的教学方法与别人的方法完

---

① 康德的生活很有规律，每天定时出门散步，非常准时。人们只要看见他出门，就知道这时是几点钟，有一天到了他散步的时间，人们没有看见他出门，十分诧异，一打听，原来他在家里看《爱弥儿》。

② 《忏悔录》，第6卷，第415—416页。

全不同，他认为："大多数教师都是'冬烘先生'，只知道传授知识，向学生灌输一大堆'学问'，而不知道'满肚子学问的书呆子比无知的傻子还笨'。"① 他引用莫里哀的话来批评把传授知识当做唯一目的的旧教育。

后来于1743年在杜宾夫人家，卢梭又有一次短暂的教学经历：夫人请他暂时照看她的儿子；因为她的家庭教师要换人，有八九天时间没人管他的学业。这个孩子13岁，非常任性，满脑子的坏主意。卢梭的主要任务是"防止他调皮捣乱，害人又害己"。后来，卢梭在《忏悔录》中回忆这段经历时说："如果再让我照看八九天的话，即使杜宾夫人以身相许，我也不愿干这个差事。"②

卢梭的教育思想是在1750年开始有系统的理论表述的。是年4月，他的获奖应征论文《论科学与艺术的复兴是否有助于使风俗日趋纯朴》（简称《论科学与艺术》）一发表，默默无闻的卢梭便一举成名，登上了法国的文坛。在这篇论文里，他对法国的教育制度和教育现状提出了严厉的批评。他说：

---

① 见《关于德·马布里先生的公子的教育问题的备忘录》（《卢梭全集》，伽里玛出版社1969年版，第4卷，第7页。文中所引法国喜剧作家莫里哀的那句话，见莫里哀的《女才子》，第4幕，第3场）。

② 引自《忏悔录》，第7卷，第451—452页。关于照看杜宾夫人的儿子的故事，卢梭在《爱弥儿》中有一段有趣的记述。他说："这个孩子不仅已经养成想做什么就做什么的习惯，而且还惯于指挥别人照他的心意去做，因此，这个孩子是非常地胡闹的。"（第143页）不过，这一次卢梭没有像从前在马布里家那样"不冷静"，而是耐心想办法纠正孩子的坏脾气，让孩子从他自己所做的错事本身吸取教训。

从我们童年时候起，人们就拿一些毫无意义的东西来教我们，虽把我们教得外表看起来很机灵，但却败坏了我们的判断能力。我发现，人们到处都在不惜花费巨额的金钱修建规模庞大的学校来教育青年：学校里什么东西都教，就唯独不教他们做人的天职……孩子们不仅没有学到区别真理与谬误的本领，反而学会了一套善于狡辩的技能，把真理谬误搞混，使人分不清真伪。①

他呼吁：应当让青年人"学习他们成人之后应该做的事，而不要去学那些他们应该忘记的东西"。

1753年，卢梭在他的《纳尔西斯》这部喜剧的序言里，再次对法国的旧教育进行了无情的揭露和批评。他说：

对于我们的教育，人们首先关心的，而且几乎可以说是唯一关心的，就是要我们接受那些可笑的偏见，人们要把它们撒播在我们的心田里。为了让可怜的年轻人学文学，人们想尽办法折磨他们。他们学了一条条语法规则，可就是没有人给他们讲做人的道理。从古到今的故事他们都学了，可是他们该做些什么，谁也不向他们提及。人们训练他们喋喋不休、唠唠叨叨地练口才，可是却从不指导他们如何办事和如何动脑筋思考，总而言之一句话，硬要把他们训练成为通晓

---

① 卢梭：《论科学与艺术的复兴是否有助于使风俗日趋纯朴》，巴黎伽里玛出版社1987年版，第67页。

许多对我们毫无用处的东西的饱学之士。人们采用古代训练竞技士的办法来训练我们的孩子。古代的竞技士只把他们强壮的四肢用来搞毫无实际用处的训练,而从来不用它们去从事有益的劳动。①

1755年,卢梭在《百科全书》第5卷发表的《政治经济学》中指出:对公民的教育,是政府最重要的职责之一,是使国家发达昌盛的必由之路。他批评那些轻视自己臣民的君主是在"自己侮辱自己",因为他们不懂得把臣民培养成"值得尊敬的人"的重要意义:一个国家的人民如果不是"值得尊敬的人",则该国的君主必然是不值得尊敬的昏君。

有趣的是,1756年卢梭用童话的笔调写了一个短篇故事《芳达斯克王后》;法文Fantasque,音译为"芳达斯克",意为"任性的人"。据说,这位王后,人如其名,产后第7天就硬要走出房门到屋外去。这还不算,更令人惊异的是,她坚持亲自为孩子喂奶,用自己的乳汁哺育婴儿。母亲用自己的乳汁喂孩子,这在普通人家是平常事,但在卢梭那个时代,不用说王后,就是一般的贵妇人或有钱人家的妇女都是雇奶娘喂奶而不自己授乳的。因此,芳达斯克此举成了王宫的一大新闻。卢梭从来不为写作而写作②,他每写一篇文章都有他的目的。他用小说中的芳达斯克王后亲自

---

① 卢梭:《纳尔西斯》序言。(见《卢梭散文选》,李平沤译,百花文艺出版社1995年版,第139页。以下凡引该书,仅注书名、页码)

② 他曾说:"如果我是为写作而写作的话,我认为,人们是不会看我的书的。"(引自《卢梭散文选》,第23页)

给孩子授乳一事,来提倡母亲用自己的乳汁喂养婴儿。他认为这是大自然赋予妇女的可贵的天职。这一论点,后来被写进了《爱弥儿》。他说,"要是母亲们都能眷顾她们的孩子,亲自授乳哺育,则风气马上可以自行转移,自然的情感将在每一个人的心里振奋起来"(第20页)。

母亲亲自授乳

1758年，卢梭发表了他长约10万言的《致达朗贝尔的信》。文中追述了他在日内瓦度过的童年，对日内瓦乡下成长起来的儿童十分欣赏。他把《致达朗贝尔的信》寄了一本给日内瓦的塞奥多尔·特农香医生。医生回信对他表示感谢，但在信中告诉他说：在教育问题上，日内瓦这个城邦式的共和国适宜于采取家庭式教育（education domestique），而不宜于采取公共的学校式教育。卢梭对特农香的这个观点不以为然，于11月26日给医生写了一封回信，在信中再次回顾了他本人童年时在日内瓦的情形。他说：

> 我没有上过正规的学校，我所受的教育是一代又一代流传下来的传统和格言。人们用这些传统和格言教育青年，从他们小时候起就告诉他们应当掌握的知识和具有的情操。

他在信中主张把"希腊共和国的公共的学校式教育和流行于君主国家的家庭式教育加以折中"，采取两种教育兼而有之的模式。从这一点看，在1758年，他的思想是摇摆在这两种教育模式之间的；这两种模式在他的头脑里是并存的，只是到后来撰写《爱弥儿》时，他才最后抛弃了两种教育模式兼而有之的折中模式，而选取了家庭式教育。①

---

① 很显然，卢梭笔下的"家庭式教育"，与18世纪流行于君主国家的家庭式教育完全不同，因为，君主专制的封建等级社会中的家庭式教育充满了偏见，《爱弥儿》第315—316页描写的青年就是在家庭中"为了他自己"而采用不良方法培养出来的。反之，卢梭对爱弥儿实施的教育，既是"为了他自己"，也是为了"别人"。他说："如果一个人所抱的两重目的能够结合为一个单独的目的，那么，由于消除了人的矛盾，他就消除了他的幸福生活中的一大障碍。"（第12页）

卢梭对家庭式教育的思考，开始于1761年。他在这一年发表的书信体小说《新爱洛伊丝》第5卷第3封信①中描写的朱莉②教育孩子的方法，大体上就是后来在《爱弥儿》中倡导的方法；她向圣普乐③阐述的教育原理，在《爱弥儿》中有更详细的发挥。可以说《新爱洛伊丝》中的这封信是卢梭用小说形式撰写教育"论文"的一次成功的尝试。在深入研究《爱弥儿》时，读一读这封信，对了解卢梭教育思想的形成和发展，是有益的。④

---

① 见卢梭：《新爱洛伊丝》，李平沤、何三雅译，译林出版社2002年2月新排典藏本，第563—592页。（以下凡引该书，仅注书名、页码）
② 朱莉，《新爱洛伊丝》中的女主人公。
③ 圣普乐，《新爱洛伊丝》中的男主人公。
④ 参见本书附录《朱莉论儿童教育》。

三、《爱弥儿》是卢梭哲学思想的一部集大成的著作

卢梭的著述甚多。对于著述丰富的人，我们有一句赞美的话曰"著作等身"。不过，这话用在卢梭身上，尚不能表达其著作的意义。因为，卢梭的著作之为人称道，流传至今，不在于其数量多，而在于他的书对当时和后世都产生了深远的积极影响，在哲学、政治、宗教、教育、文学、音乐和植物学等领域都留下了许多可供我们反思和深入研究的篇章。

现在，我们要探讨的是，在卢梭的众多著作中，《爱弥儿》占据什么位置？换句话说就是：这本书与他的其他著作有什么关系？

要回答这个问题，需要做许多具体的分析，不是三言两语可以说清楚的。不过，我们在这里可以这样说：在卢梭的著作中，《爱弥儿》是他哲学思想的一部集大成的著作，是对他在两篇论文[①]和《新爱洛伊丝》(1961)与《社会契约论》(1762)中阐述的

[①] 两篇论文：指《论科学与艺术的复兴是否有助于使风俗日趋纯朴》(1750)和《论人与人之间不平等的起因和基础》(1755)。

思想做系统归纳的书。

这一点，他于《爱弥儿》出版之后的第二年（1763）在《致巴黎大主教博蒙书》中讲到他的写作方法时就说明了。他说："当一个作家一旦明确了他对一个问题的看法以后，他就用不着在阐发他的看法的过程中又再次讲述他讲述过的那些论据，因为他的书是互相阐发、彼此印证的。如果他的方法得当的话，他最后的著作就把先前的著作的内容全都包含在内了。"①

接着，他在1764年10月致一位读者的信中就讲得更清楚了。他说：《爱弥儿》"是一部哲学著作，它的目的是论证作者在他的其他著作中提出的这一命题——'人天生是善良的'"②。为了论证这一命题，从两篇论文的发表到《爱弥儿》的出版，中间经过了十余年的苦心经营，他才最终阐明了人类堕落的原因和社会积弊产生的根由，并探寻出救治的良方：一个哲学思想体系的建立，是何等艰辛！

最后，为了说明《爱弥儿》和他的其他著作的关系，他在晚年撰写的《对话录：卢梭评让-雅克③》中通过一个法国人之口着重指出了《爱弥儿》与他的其他著作的内在联系：

……我下定决心，要更加细心地重新把他④的著作再读一

---

① 见《卢梭全集》，第4卷，伽里玛出版社1969年版，第950—951页。（以下凡引该书，仅注书名、页码）
② 《卢梭书信集》，第21卷，第248页。
③ 让-雅克，即卢梭。卢梭的全名是让-雅克·卢梭（Jean-Jacques Rousseau）。
④ 指卢梭。

遍。……

  为了更系统和更集中精力地进行这项研究工作,我到乡下去住了几个月,尽可能把让-雅克所有的著作都带到乡下去读。……我一打开书本,就感到他的书是按一定的次序写的,必须弄清这个次序,才能找到那条贯穿他全部著作的线索。我发现,这个次序和他的著作的出版次序是倒转的;作者从一个原理追溯到另一个原理,直到最后这部著作才追溯到了始初的原理。因此,为了把他所有的书中的论点综合起来理顺他的思路,就必须从他最后这部著作入手。我之所以首先从《爱弥儿》读起,其道理就在于此,因为他就是用这本书给他的全部著作打上句号的。[①]

  《爱弥儿》从1762年问世到现在,已240余年了。在这240余年间,读这本书的人是很多的。但是,每个人的读法却不尽相同。有的把它当作文学作品来读,欣赏书中浪漫主义文笔之清新和抒情词句之优美;有的把它当做一部纯教育理论著作来读,惊叹作者推理之严密和结论之合乎逻辑;有些人把它看成一部反基督教的书,对它严加驳斥,而有些人又发现他在书中一再颂扬"仁慈"的上帝,说上帝是"永恒的"和"聪明的",因此便认为这位作者是一个虔诚的基督徒;还有些人对书中关于女子教育的论述大加挞伐,认为他贬低了女子的地位,而有些人则不这么看,

---

① 卢梭:《对话录:卢梭评让-雅克》,巴黎弗拉玛尼翁出版社1999年版,第360—361页。

认为卢梭的论述是本着自然的道理，根据女性的特点陈述他的看法，因此不能说他不公平。

很显然，以上这几种读法和看法，都有些偏颇。《爱弥儿》的副标题是"论教育"，但它不仅仅是一本探讨教育问题的书。实际上，书中对作者所处的那个时代的个人与社会面临的问题都涉及了，如个人在社会和宇宙中的地位、自由的意义、生命的价值、自爱心和道德观念的形成、社会弊病的产生和医治的办法、财产的积累和贫富悬殊的危害、物质的运动和自然法则的作用、宗教对个人和社会的影响，等等，在《爱弥儿》中都用简明的语言，揭示了这些问题的深邃哲理。

《爱弥儿》立论的基点是：人可以通过教育达到完善的境地。没有这个信念，就没有这本书的写作。人在出生时是一无所有的，而在长大成人后，却拥有一切：健康的身体、敏捷的思辨能力、高尚的道德观念和对公民权利与义务的正确理解。正是基于这个基本的认识，卢梭在第二篇论文（《论人与人之间不平等的起因和基础》）中把整个人类作为研究对象[①]之后，接着在《爱弥儿》中就把研究的对象锁定为个人[②]，因为，人类堕落的历史不就是个人堕落的历史吗？人体发生史反映了种类发生史，其间的区别在于：个人有通过教育臻于完善的可能性，而种类一堕落，就再也不能

[①] 卢梭在《论人与人之间不平等的起因和基础》中说他作品的"主题涉及整个人类"（卢梭：《论人与人之间不平等的起因和基础》，伽里玛出版社1965年版，第49页。以下凡引该书，仅注书名、页码）。
[②] "应该使一个人的教育适应他这个人，而不要去适应他本身以外的东西。"（《爱弥儿》，第260页）

回到原来的状态了。这个区别是根本性的。卢梭认为：儿童对他周围的事物，开始只有感觉，然后才有感性的理解，再进而有理性的理解①，最后才产生道德观念；身体的成长与理智的成长是齐头并进的。如何帮助孩子按照自然的进程健康成长？如何促使他自己培养自己，也就是说，如何促使他从无知的状态过渡到体能和智能都十分健全的状态？一句话：如何开启他潜在的资质而又不败坏他的天性？卢梭在《爱弥儿》中探讨的就是这些问题。

1762年1月12日，卢梭在写给马尔泽尔布②的信中说："如果我把我在那棵树下所看到的和感觉到的情形③能好好地描述出四分之一的话，我就能多么清楚地向人们展现我们社会制度的种种矛盾，多么有力地揭示我们制度的一切弊端，多么简要地阐明人生来是善良的，他之所以变坏，完全是由社会制度造成的。我在那棵树下一刻钟内悟出的许许多多真理，我能记得的，都零零星星分散地写进了我的三部主要著作，即第一篇论文和关于不平等的

---

① "由于所有一切（感觉）都是通过人的感官进入人的头脑的，所以人的最初的理解是一种感性的理解，正是有了这种感性的理解做基础，理性的理解才得以形成，所以说，我们最初的哲学老师是我们的脚、我们的手和我们的眼睛。"（《爱弥儿》，第149页）

② 马尔泽尔布（1721—1794），法国政治家，在法国国王路易十五时代，曾任宫内大臣和图书总监。

③ 1749年10月，卢梭到巴黎郊外的万森纳监狱去探视被关押在那里的狄德罗。途中在一棵树下休息时，他偶然在一张报纸上看到第戎科学院提出的一道有奖征文问题：科学和艺术的复兴是否有助于使风俗日趋纯朴？卢梭说，他在看到这个问题的一刹那间，似乎"看到了另外一个世界"，于是赶快取出纸和笔，把在那闪电似的一刹那间见到的情形零零星星地记下来。关于这段故事的经过，请参见《忏悔录》，第8卷。

论文以及关于教育的论文①。这三部著作是不可分开的，三部著作应合起来成为一部完整的著作。"②

现在，让我们对这三部"不可分开的"著作做一个简要的回顾，看它们之间有怎样的内在联系。

卢梭在第一篇论文（《论科学与艺术的复兴是否有助于使风俗日趋纯朴》）中指出：科学与艺术的进步，败坏了社会的善良风俗，人类的文明使人背离了他原本的天性，养成了骄奢淫逸的习气，表面上是在进步，实际上是在腐败和堕落。

这些弊病产生的根源是什么呢？

卢梭的第二篇论文（《论人与人之间不平等的起因和基础》）要回答的，就是这个问题。他认为：这一切弊病产生的根源是对财产的占有。私有财产的确立，导致社会出现财富多寡不均的现象，产生有财产的富人和没有财产的穷人，贫富的悬殊必然导致人的社会地位的不平等。

如何医治这些弊病呢？

卢梭认为应当从教育入手。他在《爱弥儿》中提出的教育理论和方法，就是实现人的重新塑造③的途径。

我们在这里说"人的重新塑造"，而不说让人回到"原始状

---

① 指《爱弥儿》。
② 《卢梭散文选》，第22—23页。
③ 关于用"爱弥儿"这个人物来体现"人的重新塑造"，19世纪文学家夏多布里昂有一段话说得很清楚，他说："爱弥儿既多么高于他那个时代的人，也多么不同于我们和早期的罗马人。我这个话是什么意思？我的意思是：爱弥儿是一个特殊的人，因为他是由大自然创造的。"（夏多布里昂：《革命论·评不朽的人爱弥儿》，引自李平沤选编：《法国散文精选》，第232页）

态",因为卢梭尽管在两篇论文中表述了他对远古的自然景象的深深怀念,但他既不是乌托邦主义者,也不是复古主义者。他深知人类社会发展的进程是不可逆转的。虽然他对人类历史的看法是悲观的,但他对人的看法是乐观的。人类变坏了,但人是善良的,是可以通过教育得到新生的。

从以上简短的归纳看,我们可以这样说:这三部"不可分开的"著作,合起来便构成了一部以人的天性的善良为基础的人类学。

《爱弥儿》这部书的哲学奥秘,就在于此。

四、《爱弥儿》的写作方法

笔调

笔调是为理论的陈述和思想的传递服务的。统观全书,我们发现《爱弥儿》的笔调十分平实,行文简练,语言朴素,越过了时间和空间的距离,好似在和读者促膝谈心,而且,有些表达方式的用词造句,还颇富童趣,第2卷第105—106页园丁罗贝尔和爱弥儿与让-雅克三人关于种蚕豆而涉及财产权利的对话,就是一例。

财产的权利问题,在经济学和法学上都是非常复杂的问题,然而人们可以看到:

> 在这里用两页文字阐述的事情,也许实际做起来就要花一年的功夫;因为在培养道德观念的过程中,是不能怪我们走得太慢,不能怪我们每一步都走得太稳的。年轻的教师们,我请你们想一想这个例子,而且要记着,在任何事情上,你们的教育都应该是行动多于口训,因为孩子们是容易忘记他们自己说的和别人对他们说的话的,但是对他们所做的和别

人替他们做的事情，就不容易忘记了。（第106—107页）

理论

卢梭在《爱弥儿》中阐述的理论，大部分都来自于他亲身的观察。这一点，他在晚年撰写的《一个孤独的散步者的梦·第九次散步》中讲得很清楚。他说：

> 如果我对人的心灵的了解有某种程度的进步的话，这进一步的了解，应当归功于我在观察和研究孩子们在玩耍时的快乐心情。然而，同是这种心情，在我的青年时期却有碍于我的研究，因为我和孩子们玩得那么痛快，那么开心，以致使我忘记去研究他们了。到我年老的时候，我发现，我满是皱纹的脸让他们看见会感到不愉快，所以我就不再去非要他们和我一起玩不可了。我宁可不享受此种乐趣，也不去打扰他们的快乐，我只在一旁观看他们玩游戏和做点儿淘气的事情就满足了。我发现，我在观察他们玩耍时，我的心灵在研究天性的原始的和真正的运动方面所取得的知识，就足以弥补我的损失。恰恰是对于人的天性，我们所有的学者都是一无所知的。我在我的几部著作中对我在这方面的研究是讲得那么详细，哪能说我在观察孩子时我的心情不快乐呢？如果有人说《爱洛伊丝》[①]和《爱弥儿》是一个不喜欢孩子的人写的，那肯定是无人相信的。[②]

---

① 《爱洛伊丝》，即卢梭的《新爱洛伊丝》。
② 《卢梭散文选》，第113—114页。

示例

理论的阐述，要通过举例来验证和支持。卢梭在《爱弥儿》中所举的例子，许多都取自他的亲身经历和见闻，是实例。

> 我同乡下人一起生活的时间很多……我的窗子前面正好有一个土坡，这一带的小孩子常常聚集在这个土坡上玩。尽管他们离我是相当的远，我也能清清楚楚地听出他们说些什么；我常常回忆他们的话，以便用来写这本书。（第64页）

像这样以自己亲身的经历和见闻来论证教育原理的例子，在书中是很多的。正是由于他的理论有他自己的观察和经验做基础，所以卢梭才敢于宣称他的论点是有根有据的：

> 我之所以说得这样肯定，而且我认为可以原谅我说得这样肯定的理由是：我不仅不刻板地抱着一套方式，而且还尽可能地不按理论而按我实际观察的情况去做。我所根据的，不是我的想象而是我所看到的事实。（第359页）

视野

卢梭是一个研究"人"的哲学家[①]，是一个研究人类社会的政治著述家。为了使他的《爱弥儿》在理论和实践上有普遍意义，

---

① 卢梭曾说："我要论述的是人。"见卢梭：《论人与人之间不平等的起因和基础》，第47页。

他扩大了他的视野,遍观世上的人和事。他说:

> 我并没有局限于只从某一个城市的市区或某一种等级的人的生活中去取得我的经验;当我尽量把我在过去的生活中所见到的各种社会地位的人加以比较之后,就决定:凡是那些只是这个民族有而另一个民族没有,只是这种职业的人有而另一种职业的人没有的东西,都是人为的,应该加以抛弃;而需要研究的,只是那些对所有一切的人,对各种年龄的人,对任何社会地位和任何民族的人来说,都是无可争辩地人人共有的东西。(第359页)

致读者

> 读者诸君,你们经常要记住,同你们讲话的人既不是学者,也不是哲学家;他是一个普通的人,是真理的朋友,既不抱什么成见,也不信什么主义;他是一个孤独的人,他很少同别人一块儿生活,因此沾染他们偏见的机会也就不多,也就有富裕的时间思考他同他们交往的时候使他有所感受的事物。我的论点,其根据与其说是原理,不如说是事实;我想,为了使你们能够评判我的论点,最好的办法莫过于常常向你们举几个使我产生这些论点的事例。(第124页)

我们用卢梭的"致读者"这段话来结束本章。《爱弥儿》的写作方法,它的作者在书中讲得很清楚,因此无须多作分析,只引录原文，稍加编次，就一目了然了。不言而喻，这里所引的几段文字，不可能把卢梭在书中采用的写作方法包括净尽，但管中窥豹，是可见一斑的。

另外要指出的是，卢梭在书中除了用他亲身经历的事例来论证他的见解外，还引用了其他著述家的论述来支持他的观点，特别是古代哲学家和史学家的著作，引用的次数更多。如古希腊的柏拉图（Platon，公元前428—前347）的著作，卢梭在《爱弥儿》中就引用了五六次，而且还盛赞这位哲学家的《理想国》"是一篇最好的教育论文"（第11页）。又如古希腊的史学家普鲁塔克（Plutarque，约公元50—125）的著作，卢梭在《爱弥儿》中至少引用了8次，并在一处谈论摄生之道的论述中还特意引用了普鲁塔克的一大段文字来证明"对肉类的嗜好，并不是人的天性"[1]。

在卢梭引用过的与他同时代的人当中，我们只以孔狄亚克（Condillac，1715—1780）为例。孔狄亚克在哲学上是一个感觉论者。从卢梭在《爱弥儿》第2卷中关于感官的训练那几处文字看，他是赞同孔狄亚克的观点的。但是，他也有不赞同孔狄亚克的地方，例如从他在第4卷第411页关于"本能"对于肉体的作用问题所加的一个脚注中，就可看出他是在批评孔狄亚克。他说：

> 现今的哲学只讲它能够加以解释的东西，所以避而不谈

---

[1] "'你问我'，普鲁塔克说道，'毕达哥拉斯为什么不吃兽类的肉；可是我，我倒要反过来问问你，第一个人要有多大的勇气才能把打死的兽类的肉拿到嘴边'。"（第196页）这段引文有3页之多，这里引用的是开头一句，其余的请见《爱弥儿》上卷，第196—198页。

这被称为"本能"的奥秘的能力，这种能力，无须任何经验，似乎就能指导动物达到某种目的。在当代最博学的哲学家中，有一个就认为本能不过是一种缺少思想内容的习惯，然而是经过思考之后才获得的习惯；按照他对这种习惯获得的过程所作的解释来看，我们就一定会得出小孩子比成年人思考的时间多的结论。这种说法真是够奇怪的，所以值不得加以研究。（第411页）

这里所说的"有一个"哲学家，指的就是孔狄亚克。

英国的洛克（Locke）[①]是卢梭在书中多次提到的哲学家之一。不过，他对洛克批评的时候多，赞同的时候少。两人的根本分歧在于：洛克主张把孩子培养成"绅士"（gentleman），而卢梭主张把孩子培养成"新人"（homme nouveau）：

英国哲学家洛克
"我可没有培养绅士的荣幸，所以，我在这方面决不学洛克的样子。"（第526页）

在儿童和青年的教育问题上，卢梭在《爱弥儿》中几次表明他是不赞同洛克的观点和

[①] 洛克（1632—1704），英国哲学家，著有《关于教育问题的思考》等书。

方法的；特别是在第5卷的开头，卢梭更是直截了当地说："至于我，我可没有培养什么绅士的荣幸，所以，我在这方面决不学洛克的样子。"（《爱弥儿》，第2页，译者注）

最后要提到的是塞涅卡（Seneque，约公元前4—公元65），卢梭在《爱弥儿》中引用他的著作的次数不多，但却非常恰当地以这位古罗马哲学家的如下一段话做《爱弥儿》的封页题词：

> 我们身患一种可以治好的病；我们生来是向善的，如果我们愿意改正，我们就得到自然的帮助。
> ——塞涅卡:《忿怒》第十一章第十三节。

细细咀嚼，这寥寥三十余字，岂不是言近旨远，把全书的主旨和作者写作的目的，全部表述清楚了吗！

五、《爱弥儿》中的人物和各卷的内容

1 《爱弥儿》中的人物

《爱弥儿》中主要的人物有四个:

第一个是主人公爱弥儿,书的标题就取自这个孩子的名字。他是卢梭为了阐述自己的理论而"想象的学生"(第29页)。这个学生的"智力寻常"(第31页)。为什么要挑选"一个智力寻常的孩子"而不挑选智力超群的"神童"呢?卢梭的回答是:因为"我们要培养的,只是一般的平常人;只有他们所受的教育才能作为跟他们相同的人的教育的范例"(第31页)。

第二个是爱弥儿的老师。这位老师,书中虽未言明他的姓氏,但行文用的是第一人称——"我",这显然表明他就是《爱弥儿》的作者卢梭本人。卢梭认为,就年龄、健康状况和才能与学识来说,他最适合担任爱弥儿的老师;他将从爱弥儿"出生的时候起就一直教育到他长大成人"(第29页)。他在第5卷讲了一段话,表明他当初承担这项艰巨的任务,凭的全是一颗赤诚的心。他说:

我的年轻的朋友，当你出生的时候，我就把你抱在手里，凭至高的上帝为证，我大胆地许下诺言：我要以我毕生的精力为你谋求幸福。我对我自己承担的工作是不是充分了解呢？不了解……正因为我对我承担的工作不十分了解，所以我要尽量避免在这方面发生错误。在教育你的过程中，我下定决心不走一步弯路，同时也防止你去走弯路。我按照自然的道路前进，以便它给我指出通往幸福的道路。我最后发现，自然的道路就是幸福的道路，我们已经在不知不觉中按照这条道路前进了。（第675—676页）

第三个人物，是一个"萨瓦省的牧师"。这位牧师，与老师一样，在书中也是一个无名氏，不过，卢梭对他的描写是有所本的。他在《忏悔录》第3卷中告诉我们，这位牧师的"原型大部分是取自"他少年时候在维尔塞里斯伯爵夫人家中认识的一位朋友——都灵的格姆先生[1]，还有一部分原型是取自安纳西神学院的老师嘉迪耶神甫。卢梭在《忏悔录》中对嘉迪耶神甫的描写，充满了怀念之情。他说："嘉迪耶神甫不仅长相好，而且脾气也好；对我既耐心同时又关怀备至，看他的样子，他好像是在与我一起学习，而不是在给我讲课文。"[2]《爱弥儿》第4卷中有一篇被伏尔泰认为"值得用软羊皮作封面单独装订"的《信仰自白》[3]就是照这两个原型塑造的牧师口述的。卢梭的宗教观、宇宙观和哲学思想都包含

---

[1] 《忏悔录》，第3卷，第139、181页。
[2] 同上。
[3] 《爱弥儿》，第377—457页。

在这篇长达 80 余页的《信仰自白》里。

第四个人物是苏菲,爱弥儿未来的伴侣。老师对他的学生说:"我给你未来的情人取名叫'苏菲';'苏菲'是一个吉祥的名字。"在第 5 卷中专有一大段标题为《苏菲》的文字,描写这个既平凡而又十分出众的女人:

> 苏菲并不美丽,但男子们一到她身边就会忘掉比她更美的女人,而美丽的女人一到她身边就会觉得自己并不怎么美。乍眼一看,她虽不漂亮,但你愈看就愈觉得她长得好;有些东西,她那样长法就好看,而别人那样长法就不好看,至于她长得好看的地方,那就确实好看,谁也赶不上她。(第 589 页)
>
> 苏菲是很爱美德的,这种爱已经变成了支配她的一切行为的力量。她之所以爱美德,是因为任何事物都没有美德那么美;她之所以爱美德,是因为美德能够使妇女获得光荣。她认为,一个德性优良的妇女就等于是一个天使。(第 595 页)

2 各卷的内容简介

《爱弥儿》共五卷,按"自然的秩序"分阶段叙述爱弥儿成长的过程并阐发作者的理论。现在,让我们循着书中主人公的足迹,对各卷做一个简要的内容一瞥。

第 1 卷

本卷重在阐明《爱弥儿》写作的主旨和人之所以要受教育的

原因。

卷首开宗明义的第一句话是:"出自造物主之手的东西,都是好的,而一到了人的手里,就全变坏了。"(第5页)

同卢梭的《社会契约论》一样①,这开篇的第一句话的笔锋所指,显然是在谴责腐败的社会风气和专制的政治制度。卢梭提醒人们,要做多么艰巨的教育工作,才能把人培养得具有抵抗它们的毒害的能力。他说,他决不按某种宗教、某种政治制度或社会等级培养他的学生。他认为:一个人所受的"教育是随生命的开始而开始的"(第46页),对幼小的儿童,最重要的是培养他的体格,使他的各部分器官得到充分的发育。他告诫人们:不要把婴儿束缚在襁褓里;母亲应亲自以母乳喂养自己的孩子;啼哭是婴儿的第一种语言,当婴儿啼哭时,要细心辨别他是因需要大人的帮助而用哭声向大人提出请求,还是用哭声使唤大人,切不可一听他啼哭就跑去围着他团团转,从小就养成他把大人当佣人使唤的坏脾气。卢梭不赞成对孩子娇生惯养;给孩子洗浴用的水,其温度应逐渐偏低。他主张让孩子多到户外去,甚至到乡下去接受大自然对他们的锻炼,接受阳光和空气给他们的洗礼,使他们承受得起酷烈的气候和风雨的袭击。太提斯为了使自己的儿子练就一副坚强的体魄,便把他浸在冥河的水里,虽然这是一则寓言故事②,但人们可以从中得到有益的启示。

---

① 卢梭在《社会契约论》第1卷第1章开篇第一句话就揭示了一个令人难以容忍的丑恶现象,他说:"人是生而自由的,但却无往不在枷锁之中。自以为是其他一切的主人,反而比其他一切更是奴隶。"(《社会契约论》,何兆武译,商务印书馆1997年版,第8页。以下凡引该书,仅注书名,页码)
② 关于这则寓言故事,请参见《爱弥儿》,第22页。

太提斯把他的儿子阿基里斯浸在冥河的水里炼成一个刀枪不入的勇士（第22页）

第2卷

本卷开始谈人生的第二个时期，论述的是从孩子学步开始到10岁或12岁时的教育。这一阶段的教育非常重要，因为这时候孩子已开始意识到自己的存在，能动脑筋思考了。不过，在这个阶段，老师关心的重点，依然是增强他的体质和训练他的感官。要让他快快活活、无忧无虑地嬉戏，而不要使他感到任何形式的束缚。这样做，会不会使孩子变成一个难以管教的顽童呢？不会。因为在他尽情玩耍的过程中，老师将时时注意培养他的本能，让他学会使自己的欲望按照自己的能力来加以调节，和体力保持平衡，而不产生自己的能力无法满足的欲望："人啊！把你的生活限制于你的能力，你就不会再痛苦了。"（第79页）

卢梭提醒人们：在这个阶段，不必急于教孩子读书识字，不可让孩子成天沉沉闷闷地啃书本，而应当让他多接触大自然，到大自然中去观察周围的事物，去发现他从前没有见过的新奇的东西。

拉封登用诗体写的寓言故事，朗朗上口，很有趣味，能不能让孩子读呢？卢梭认为在这一阶段还不太适宜，因为"寓言可以用来教育大人，但对孩子们就应该直截了当地讲真理"，"拉封登的寓言，没有哪一个孩子是真正学懂了的。要是他真正学懂了的话，那就更加糟糕了，因为其中的寓言对他那样年龄的人来说，是那样的拐弯抹角和不相适应，以致不仅不能使他学到良好的德行，反而使他学到了许多的坏毛病"（第128页）。

卢梭在书中引用了拉封登的《乌鸦和狐狸》这篇寓言故事做例子，对它逐句进行了分析。（第129—132页）他告诉人们：只有几岁的孩子还非常天真，没有必要告诉他们世界上有一些撒谎和吹牛拍马的人，而至多只能告诉他们说：拿孩子逗着玩的人，的确是有的。"但是，一块奶酪就把整个事情弄糟了，因为你不是在教他们怎样把自己的奶酪紧紧地含在嘴里，而是教他们怎样想办法把别人嘴里的奶酪骗出来。"（第133页）

洛克主张"用理性去教育孩子"（第89页），卢梭对此极不赞成。他不主张长篇大论地对孩子讲什么道理，因为孩子在这个时候还不明白什么叫"道理"，只有到了教育的后期，他才具有明白事理的能力。卢梭说，他发现"再没有谁比那些受过许多理性教育的孩子更傻的了"（第89页）。

卢梭告诉人们，"大自然希望儿童在成人以前就要像儿童的样子。如果我们打乱了这个次序，我们就会造成一些早熟的果实，它们长得既不丰满也不甜美，而且很快就会腐烂：我们将造成一些年纪轻轻的博士和老态龙钟的儿童。儿童是有他特有的看法、想法和感情的；如果想用我们的看法、想法和感情去代替他们的看法、想法和感情，那简直是最愚蠢的事情"（第91页）。

与基督教的看法相反,卢梭认为人天生是善良的,在人的身上不存在什么"原始的恶",因此,应当努力保护儿童的天真状态。他认为:"最初几年的教育应当纯粹是消极的。它不在于教学生以道德和真理,而在于防止他的心沾染罪恶,防止他的思想产生谬见。"(第96页)

"消极的教育"或曰"负教育",是卢梭教育理论中的重要概念之一。关于它的含义,卢梭在1762年11月18日《致巴黎大主教博蒙书》中有一个简单的解释。他说:

> 我把使孩子身体的各个器官臻于健全发育的教育称为"消极的教育"①,因为身体的各个器官是我们用来获取知识的工具,先使它们发育完善,然后才用它们去获取知识,并通过感官的训练,培养我们的理智。"消极的教育"并不是无所事事的懒人教育。完全不是的。它虽不教为人的道德,但它能防止人去做恶事;它虽不教人多少真理,但它能防止人产生种种谬误。②

卢梭提醒人们:对于儿童,应当"让大自然先教导很长的时期之后,你才去接替它的工作,以免在教法上同它相冲突。你说你了解时间的价值,所以不愿意有分秒的损失。可是你没有看到,

---

① 与"消极的教育"相对应的,是"积极的教育"。卢梭在说这句话之前先解释了一下何谓"积极的教育",他说:"我把在儿童未到一定年龄以前就培养他的才情和向他传授做人的知识的教育,称为'积极的教育'。"

② 《卢梭全集》,第4卷,第945页。

由于错用时间而带来的损失,比在那段时间中一事不做的损失还大,一个受了不良教育的孩子,远远不如没有受过任何教育的孩子聪明"(第119页)。

最后,卢梭把他培养到了12岁的爱弥儿与用其他方法培养的同龄儿童做了一个比较,让人们看到用他的方法所取得的可喜成绩:

> 你现在要不要对他做一个比较的观察呢?叫他同别的孩子混在一起,他爱怎样做,就让他怎样做。你马上就可以看出……在城里的孩子中,没有哪一个孩子的动作比他更敏捷,而他则比他们当中哪一个孩子的身体都长得结实。在乡下的孩子中,他的气力和他们的气力是一样的,但手脚的灵巧则胜过他们。对孩子们所能理解的一切事情,他比他们都更善于判断、推理和预测。……
>
> 他长大为成熟的儿童,他过完了童年的生活,然而他不是牺牲了快乐的时光才达到他这种完满成熟的境地的,恰恰相反,它们是齐头并进的。在获得他那样年纪的理智的同时,也获得了他的体质许可他享有的快乐和自由。(第208—209页)

第3卷

本卷论述"童年的第三个阶段"的教育。卢梭说,"由于没有适当的表达的词",所以他依然把这个阶段叫作"童年","到了这时候的年纪,就接近少年了,不过还没有到春情发动的时期"(第212页)。

处在这个时期的孩子，其体力的增长，比他需要的增长快得多。尽管与大人相比，他还很柔弱，但作为孩子，他已经非常强壮了：

>他对空气和季候的伤害满不在乎，根本就不把它们看在眼里；他的体温就代替了他的衣服；他的食欲就是他调味的作料，凡是能够营养人的东西，在他这个年纪的时候都是好吃的……他没有任何臆想的需要使他感到烦恼……他的欲望不超出他的两手所能够达到的范围；他不仅自己能够满足自己的欲望，而且他的体力除满足欲望的需要以外还有剩余；在他的一生中，只有这个时期他才是处在这样的情况。
>……
>这是生命中最珍贵的时期，一生中这样的时期只有一次；这个时期特别短促，尤其是想到怎样善于利用这段时间对他是极其重要的时候，就更觉得它是非常短促了。（第212—214页）

在这个时期，他对爱弥儿采取的教育方法，与前两个时期的方法完全不同。随着爱弥儿体力的增长，他的脑力也开始活跃：对他实施脑力和体力双重教育的时期已经到来。

不过，一个人的智力和体力是有限的，不可能对世界上所有一切事物全都知道，因此：

>我们对施教的内容和适当的学习时间不能不进行选

择。……凡是那些必须要具有十分成熟的理解力才能懂得的，凡是那些牵涉到一个孩子不可能理解的人的关系的，以及那些尽管本身是真实的，但将促使一个没有经验的人对其他的问题产生错误想法的，都要通通抛开，不能拿来教孩子。（第214页）

卢梭明确指出："企图在这段期间把一个孩子培养成一个很有学问的人，实在是一种妄想。因此，问题不在于教他各种学问，而在于培养他有爱好学问的兴趣，而且，在这种兴趣充分增长起来的时候，教他以研究学问的方法。毫无疑问，这是所有一切良好的教育的一个基本原则。"（第223页）

在这个阶段，依然不传授书本知识。老师带着学生一边散步一边教，一边同他一起做游戏一边讲解物理、化学和农业常识，教他观察天体和辨别方向的方法。老师给爱弥儿唯一的一本书是《鲁滨逊漂流记》。这是一本描写一个人在艰难恶劣的环境中靠自己的力量顽强生存的书。卢梭说：这本书"是我们学习的课本，我们关于自然科学的一切谈话，都不过是对它的一个注释罢了"（第244页）。

很显然，卢梭并不要求爱弥儿去当鲁滨逊，爱弥儿不是生活在孤岛上，而是生活在社会里。社会里的人"必须要借他人之力而生活，他应该用劳动来向他们偿付他生活的费用；这是任何人都不能例外的"（第262页）。因此他要爱弥儿去学一门手艺，让他从小就养成爱好劳动的习惯，并防止他产生社会地位优越的偏见和傲慢的习气。

在本卷结束的时候,爱弥儿是什么样子呢?卢梭告诉我们:

> 爱弥儿的知识不多,但他所有的知识都真正是属于他自己的,而且其中没有一样是一知半解的。……他心思开朗,头脑聪敏,能够临机应变;现在,正如蒙台涅所说的,他虽然不是一个学识渊博的人,但至少是一个善于学习的人。(第283页)
>
> 爱弥儿喜爱劳动,性情温和;他为人又耐心又顽强,而且还充满了勇气。……能够坚忍不拔地忍受一切痛苦……(第284页)
>
> 他没有染上什么恶习……他的身体强壮,四肢灵活,思想健全而无偏见,心地自由而无欲念。自私,这在一切欲念中名列第一而且也是最自然的欲念,在他的心中还没有显露端倪。他不扰乱别人的安宁,因而可以按大自然所允许的范围生活得尽量满意、快乐和自由。(第284—285页)

第4卷

本卷一开始,卢梭就告诉人们:一场暴风骤雨似的变化,即将在爱弥儿身上发生。

一个孩子不可能永远停留在儿童状态,到了大自然所预定的时刻,他"就要脱离这种状态;这个极关紧要的时刻虽然是相当的短,但它的影响却很深远"(第287页)。

> 正如暴风雨的前奏是一阵海啸一样,这狂风暴雨似的巨变也以一阵日益增长的欲念的低鸣宣告它的来临,一种暗暗

无声的骚动预告危险即将到来了。(第287页)

首先,他的性情变了,稍不顺心就生气,显得很急躁,几乎成了一个不守规矩的孩子。

其次,在外貌上他也有显著的变化。他现在的相貌是轮廓分明,一副很有性格的样子。他的嗓音粗重。尤其是他的两只眼睛,"灵活的目光虽尚保存着圣洁的天真,然而已不再有最初那种茫然无知的神情"(第287页),他或爱或憎,或喜欢或不喜欢的心情,全都能够通过他的眼睛表达出来。

卢梭认为,对于暗暗骚动的情欲的增长,不可能也没有必要采取遏制的办法,而只能另觅途径,延缓它的作用的发生,直到他有力量自行控制,成为它的主人。

现在,老师正可利用这段时间转移爱弥儿的注意力,使他把他的心用在关怀穷苦的人们、观察社会上不平等的现象和不公正的事情上,在他心中撒播正义的种子,引导他学一点历史,把历史作为道德教育的借鉴,向他揭示道德的真谛,并讲述两性贞操、婚姻和繁殖后代的意义,为他将来寻找伴侣做准备。①

卢梭把现在的爱弥儿与别人用传统的教育方法培养的学生做了一个比较。他说:"我的学生在六岁的时候,同你的学生没有什么分别……可是现在,他们之间已经没有什么相似的地方了……他们所学到的知识,拿数量来说也许彼此是相等的,但就内容来

---

① 卢梭在两百多年前就敢冒天下之大不韪,在《爱弥儿》中主张对青少年进行青春期教育,并以日耳曼青年和蒙台涅的父亲做例子(参见第462—463页)提倡晚婚晚育,这不能不说他是一个有卓识的教育家和思想家。

说，就一点也不同了。"(第358页)

在不同的内容当中，最突出的是宗教信仰问题。别人的学生从小小年纪就开始读《教理问答》之类的课本，并经常到教堂听牧师讲经文和做礼拜；而爱弥儿如今已年满15周岁，还对基督教的教义一无所知。卢梭从来不相信孩子在这个年纪以前能听懂老师对他讲的宗教奇迹和上帝。他说："当你的学生已经成为哲学家和神学家的时候，爱弥儿还不晓得什么叫哲学，还没有听人讲过上帝哩。"(第358页)

爱弥儿是不是永远不接触宗教问题，不探讨基督教的教义呢？不。他的老师现在——也只是到现在——要开始和他一起谈论这个男女老少和贫富贵贱都要遇到的宗教问题了。

也许有人会问：为什么要推迟到现在呢？

卢梭回答说：当孩子还没有能力理解真理的时候向他宣讲真理，就等于是散布谬误；拿《教理问答》来教孩子，其结果，必将把他教成一只学舌的鹦鹉。

为了向爱弥儿阐明深奥的宗教和哲学问题，他的老师煞费苦心。他抛弃了咬文嚼字、板着面孔说教的方式，而采用轻松活泼的语言，通过一个牧师的口，发表一篇《信仰自白》来启发爱弥儿，并在此之前用一大段话讲他自己宗教思想形成的故事。他说：

> 三十年前，在意大利的一个城市里，有一个离乡背井的年轻人穷困到了极点。他本来是一个加尔文派的教徒，但后来由于一时的糊涂，觉得自己流落异乡，谋生无术，为了糊口就改宗他教。(第369页)

这个"改宗他教"的年轻人就是卢梭自己。"人们把宗教上争论的问题告诉了他,因而使他产生了他未曾有过的怀疑"(第369页)。后来,他遇到了一位"诚实的基督教牧师"。为了挽救这个濒于道德死亡的年轻人,这位牧师从唤起他的自爱心和自尊心着手做起。在一个夏天的早晨,把他带到俯览波河附近的一座小山上,从大自然向他们展现的灿烂景象说起,然后转入宗教和哲理问题。

牧师的话虽简单却富于深邃的含义。他根据自身的经历首先分析人的感知和判断能力的产生,接着描述物质的存在和运动的规律,最后论证宇宙万物都是由一个存在于人之外的有智慧和创造力的意志在安排,按照他制定的规律运行。这个"意志",牧师称它为"上帝"。

卢梭反对基督教所说的"启示",认为《福音书》中也有"许多有害于理性的不可相信的东西";他否认基督的神性,并认为:既然人的天性是善良的,就没有必要去寻求什么"救世主",只需有自然宗教就够了。至于什么原罪说、救世说、基督化身说、永恒的痛苦说与种种教条和奇迹,他一概否认,认为它们都是荒诞不经的谬论。

他这样来阐述基督教的教义,还能说他是基督徒吗?卢梭的回答是:能。不过,他申明他这个"基督徒不是教士们的门徒,而是耶稣基督的门徒"[①]。

---

① 见卢梭1763年《致巴黎大主教博蒙书》。在这封信中,卢梭详细阐述了自己的宗教观。参见李平沤:《主权在民Vs"朕即国家"》,山东人民出版社2001年版,第16章,第141页。

到本卷的末尾，爱弥儿已经达到能够运用理智进行推理的年龄。他即将走出少年时期，进入青年时期，并由青年过渡到成年，开始过成年人的生活。不过，他还不忙于结婚，只为寻找未来的伴侣做准备。

书中对老师带着爱弥儿去寻找苏菲的过程的描写，其文字之美，使人想起了中世纪的骑士去追求恋人的情形；在叙述老师对学生的审美力和生活情趣的培养方面，笔调之自然和说理之打动人心，简直就是一篇美学论文。

在本卷结束时，卢梭告诉我们：此时的爱弥儿已经被"培养成一个跟世人完全两样的人"（第498页）。此外，卢梭还向我们透露了一个信息：为了去寻找苏菲，他们将离开巴黎，而且是离开得越远越好。

第5卷①

本卷主要论述女子教育问题。开卷的两句话说，"一个成年人单独一个人生活，那是不好的。爱弥儿现在是一个成年人了"（第526页）。

这两句话中的前一句话的法文原文是"Il n'est pas bon que l'homme soit seul"，引自《圣经·旧约全书·创世纪》第2章第18节："Yahvé Dieu dit : Il n'est pas bon que l'homme soit seul. Il

---

① 卢梭在《忏悔录》第10卷中说:《爱弥儿》第5卷是他在蒙莫朗西庄园中的那个"景色宜人的小岛"似的地方写的。"那时，我一直是心旷神怡，满怀喜悦；书中的清新笔调和美妙词句，大部分都是根据我所在的那个写作环境给我的深刻印象而写的。"（引自《忏悔录》，下册，第287页）从卢梭的这段话可以推知，《爱弥儿》第5卷是1759年前后写的。

faut que je lui fasse une aide qui lui soit assortie."（La Genése Ⅱ，18）这句话，中文本《圣经》译作："耶和华上帝说：那人独居不好，我要为他造一个配偶帮助他。"前后两句，卢梭只选用了前一句："Il n'est pas bon que l'homme soit seul."（"那人独居不好"）

笔者在上个世纪60年代译卢梭所选用的这前一句话时，没有照录中文本《圣经》的译文。其原因，是考虑到卢梭在此句话之后就紧接着说"爱弥儿现在是一个成年人了"，因此把前一句话中的"l'homme"（那人）一词译为"一个成年人"，将全句译作"一个成年人单独一个人生活，那是不好的"，使之和后一句话"爱弥儿现在是一个成年人了"中的"成年人"三字语气连贯，互相呼应。

卢梭为什么要选用《圣经》中的这句话呢？我们从前面引述的《创世纪》的原文就可看出，他选用这句话的目的，是为他在本章阐述的论点定基调，即：把苏菲定位为爱弥儿的"配偶"，她的任务是来"帮助"爱弥儿。因此，对她的教育，应当围绕着她的任务进行。

这样做会不会把苏菲降到从属的地位呢？不会。因为："当他们彼此和谐的时候，他们就会一起奔向共同的目的；我们不知道他们当中哪一个人出的气力多一些，每一个人都受对方的驱使，两个人都互相服从，两个人都同样是主人。"（第560页）

回顾40多年前笔者译这个句子时的考虑，并指出卢梭选用《圣经》中的这句话的目的以后，让我们回到本题，继续我们的"内容一瞥"。

　　一个成年人单独一个人生活，那是不好的。爱弥儿现在

是一个成年人了;我们曾经答应过给他一位伴侣,现在应该把她给他了。这个伴侣就是苏菲。(第526页)

苏菲在哪里?我们到哪里去找她?

为了找到她,首先就要知道她是怎样的一个人,然后才能考虑到什么地方去寻找。

苏菲是怎样一个人?卢梭用了很长的篇幅描写。他说:"如同爱弥儿是一个成年的男子一样,苏菲应当是一个成年的女人,也就是说,她应当具备所有一切成年的女性的特征,以便承担她在身体和精神方面应当承担的任务。"(第526页)

说完开场白以后,卢梭接着把男人和女人之间在生理上和心理上相同的地方和不同的地方进行了比较,指出:正是由于两性之间存在着差异,因此对女子的教育应当和对男子的教育有所不同。由于传统和习俗的偏见,女人的一言一行要比男人受到更多的无形的束缚,因此,对女子的品德教育尤应重视。他说:一个女人要想获得别人的喜爱,必须"依赖她的人品",而不能依赖她的"穿扮",因为"穿扮"好坏并不等于一个人的本身。爱弥儿未来的伴侣绝对不是一个满身珠光宝气的艳妇,但她也不是一个满肚子学问的才女。女人虽同男人一样有智慧,但她的智慧属于另一种类型:她长于操作具体的事物,而短于抽象的思维。她的完美,在于她能正确地处理与男人的关系。

妇女们所受的种种教育,和男人都是有关系的。使男人感到喜悦,对他们有所帮助,得到他们的爱和尊重。在他们幼年时期抚养他们；在壮年时期关心他们，对他们进谏忠言和给予安慰，使他们的生活很有乐趣。所有这些，在任何时候都是妇女们的天职，我们应当从她们小时候就教育她们。只要我们不根据这个原理去做，我们就会远离我们的目标，而我们教她们的种种训条，既无助于她们的幸福，也无助于我们的幸福。（第539页）

在宗教教育方面，卢梭认为：由于女子短于抽象的思维，所以对她就无须像对爱弥儿那样讲多少宗教的原理，只让她"信她母亲所信的宗教"（第560页），而她婚后则改宗她丈夫所信的宗教。妇女们"自己既然没有判断的能力，所以她们应当把父亲和丈夫的话作为宗教的话来加以接受"（第560页）。

在这样的教育熏陶下的苏菲，是怎样一个人呢？

> 她的天性很善良……她为人是十分的忠厚；你刚接近她的时候也许觉得她没有什么特殊的地方，但在离开她的时候你心里就不能不有所感触。别人有一些良好的品质是她没有的，而她自己的好品质，也许在程度上还不如别人；但是，要一个人把一些良好的品质配合起来形成一副很好的性格，那就谁也不如她了。甚至连她的缺点，她也知道怎样去利用；如果她长得十全十美的话，也许她反而不如现在这样令人喜欢了。（第588—589页）

谈到女人的相貌，卢梭认为，"首先引起我们注目的是相貌，然而我们应当放到最后才考虑的也是相貌"（第617页）。他主张，对女人的相貌，只"求它一个中等"，而更值得看重的是她的风度。因为姿色容易消失，而风度将永远长存，"它可以不断地得到更新；一个风度温雅的女人在结婚三十年之后，仍能像新婚那天一样使她的丈夫感到喜悦。正是因为考虑到这几个方面，所以我才选择了苏菲"（第618页）。

听完了老师所讲的选择苏菲的道理，爱弥儿满心欢喜，便同他的老师一起离开巴黎，一路风尘，去寻找这个女人。

找到了苏菲，是不是让爱弥儿马上就和她结婚呢？不。

尽管他很着急，老师却很冷静，依然按部就班地照原来的教育计划进行。他向爱弥儿一连提出了好几个问题：

> 你急于想做丈夫和做父亲，可是你考虑过做丈夫和做父亲的人有哪些责任吗？当你成为一家之长的时候，你也就成为国家的一个成员了。怎样才是一个国家的一个成员呢？这一点你知不知道？你研究过做人的责任，可是做公民的责任你知不知道呢？你知不知道什么叫政府、法律和祖国？你知不知道你要花多大的代价才能够生活？你知不知道你应当为谁而死？你以为你什么都懂了，而实际上你是一点都不懂的。在占有社会秩序的一个席位以前，你应当研究和了解什么地位最适合于你。（第686页）

老师还要继续培养他的意志，让他把精力用在对他的成长更有益的事情上。他用爱弥儿能接受的理由，说服爱弥儿离开苏菲，用两年时间去遍游欧洲，考察各国的风土人情和政府的施政，然后选择一个适合于他和苏菲成家居住的地方。在这里，卢梭插入了一篇标题为《游历》①的文字。这个长达30余页，可以单独成篇的《游历》实际上是卢梭的《社会契约论》的缩写本或通俗本，主要讲民主政治的政治权利原理。两年的游历，爱弥儿通过对各国的风土人情和政治制度的考察，增长了许多见识，开阔了眼界，提高了观察和分析问题的能力。现在，他对个人的自由、财产和社会的秩序与法律都有了新的认识。老师鼓励他和苏菲到乡下去生活，并告诫他无论何时何地都要尽公民应尽的义务。现在，爱弥儿和苏菲可以结婚了。不过，老师还不能立刻就卸下仔肩。他还要继续工作，履行教师的职责，直到几个月后的一天早晨，他从爱弥儿的口中得知他们即将有自己的孩子，爱弥儿将亲自承担教育孩子的任务，这时候他的大功才算完成：尽管爱弥儿缺乏经验，但是，孩子由一个虽知识有限但明白事理的父亲培养，比由世界上最能干的教师培养还好些，因为"用热心去弥补才能，是胜过用才能去弥补热心的"（第26页）。

---

① 见《爱弥儿》，第690—726页。

1774年伦敦布贝斯版《爱弥儿》内封页插图
"人的教育在他出生的时候就开始了。"

中 篇
如歌的教育历程

在开始写这本书的时候,我就决定我要论述的事情没有一样是除我以外其他的人不能论述的,因为我着手论述的起点,即人的诞生,是我们大家都同样可以从这一点开始论起的;但是,我们愈是论述下去,我们之间就愈来愈分歧,因为我主张培养天性,而你则要败坏天性。①

——卢梭

---

① 《爱弥儿》,上卷,第358页。

一、人生的第一个时期

《爱弥儿》开宗明义的第一句话是:"出自造物主之手的东西,都是好的,而一到了人的手里,就全变坏了。"

为什么出自造物主之手的东西,一到了人的手里,就全变坏了呢?

书中探讨的,就是这个问题。

书中寻求的,就是解决这个问题的途径。

1 人要受三种教育

三种教育和它们之间的关系

在18世纪的法国,正当启蒙运动大踏步向前发展的时候,卢梭对科学与艺术的进步和财富的积累,对专制的政治制度和腐败的社会风气,提出了严厉的批评,并着重指出:人类如果不改弦易辙,就将不可避免地走向毁灭的深渊。

人类是如此的不幸，以至于许多人都在著书立说，"其目的，据说，完全是为了有益人群，然而在所有一切有益人类的事业中，首要的一件，即教育人的事业，却被人忽视了。"（第2页）

卢梭对他那个时代的教育状况和教育方法深感忧虑。他不赞成"把人像练马场的马那样加以训练"（第5页）；他告诉人们：各种各样的偏见、权威和压在人们身上的社会制度将扼杀人的天性；人的"天性将像一株偶然生长在大路上的树苗，让行人碰来撞去，东弯西扭，不久就弄死了"（第5页）。

为了保护正在成长的幼苗，他向慈爱的母亲们发出呼吁，要求她们"趁早给孩子的灵魂①周围筑起一道围墙"（第6页），让他在不受外界恶劣环境影响的氛围中健康成长。

人们把初生的婴儿称为"赤子"。他赤条条来到这个世界上，既无比娇嫩，又一无所有，甚至对他本身的存在都没有意识：

> 我们生来是柔弱的，所以我们需要力量；我们生来是一无所有的，所以需要帮助；我们生来是愚昧的，所以需要判

---

① 这里所说的"灵魂"显然不是宗教意义上的灵魂，而是指人的天性。卢梭在《论人与人之间不平等的起因和基础》这篇论文的序言中指出：人的灵魂之遭到恶劣的社会环境的败坏，就"如同格洛斯的雕像遭到天气和海水的侵蚀及狂风暴雨的吹打，已经被弄得不像一尊海神而像一头猛兽；人的灵魂也一样，在社会环境的重重包围中，由于千百种不断产生的原因的影响，由于在获得了许多知识的同时又接受了许多谬见，由于身体气质的变化和欲念的不断冲动，可以说也是被弄得几乎认不出来了"。（卢梭：《论人与人之间不平等的起因和基础》，第35—36页）

断的能力。我们在出生的时候所没有的东西,我们在长大的时候所需要的东西,全都要由教育赐予我们。

这种教育,我们或是受之于自然,或是受之于人,或是受之于事物。我们的力量和器官的内在的发展,是自然的教育(éducation de la nature);别人教我们如何利用这种发展,是人的教育(éducation des hommes);我们对影响我们的事物获得良好的经验,是事物的教育(éducation des choses)。

所以,我们每一个人都是由三种教师培养起来的。……

在这三种不同的教育中,自然的教育完全是不能由我们决定的,事物的教育只是在有些方面才能够由我们决定。只有人的教育才是我们能够真正地加以控制的;不过,我们的控制还只是假定的,因为,谁能够对一个孩子周围所有的人的言语和行动通通都管得到呢?(第7页)

这三种教育的性质是不相同的,不是一种教育是由另一种教育派生出来的。它们的性质既然不同,就可能发生彼此冲突或不相协调的情形,因此,必须使它们圆满配合,才能取得成功。如何使它们配合一致呢?卢梭的回答是:必须"使其他两种教育配合我们无法控制的那种教育"(第8页),这就是说,必须使事物的教育和人的教育去配合自然的教育。

关于"自然的教育",除了前面所说的"力量和器官的内在的发展,是自然的教育",卢梭还分别在第1至第4卷的几处文字中有更详细的阐发。为便于参照阅读,将这几处文字列表如下:

卷次	起讫页数和段落	
第1卷	第46页第3段首句起	至第49页第2段末句
	我们生来就是有学习的能力的,不过在生下来的时候什么也不知道,什么也不明白罢了。	过分严格地规定饮食和睡眠,将使他们觉得每隔一定的时间之后,就必须进那样多的饮食和睡那样多的觉,以致不久以后,他们之所以想吃想睡,就不是因为有所需要,而是由于有了那样的习惯,或者说得更确切一点,习惯使他们在自然的需要之外又增加了一个新的需要,这是必须预先防止的。
第2卷	第71页第3段首句起	至第89页第2段末句
	另外一种进步使孩子们觉得哭泣是没有那么必要的,这种进步就是他们的体力的增长。	要尽量用可以感觉得到的事物去影响他,则他所有一切的观念就会停留于感觉;使他从各方面都只看到他周围的物质世界;不这样做,他准是一句话都不听你的,或者对你所讲的精神世界就会产生一切荒谬的概念,使你一生也没有办法替他消除。
第3卷	第212页第2段首句起	至第216页第1段末句
	人为什么会显得柔弱呢?那是由于他的体力和他的欲望不平衡。	所以,在儿童时期学习的东西中,还需要抛弃那些不适合于我们天然的兴趣的东西,而且要把学习的范围限制于我们的本能促使我们去寻求的知识。

	第290页第2段首句起	至第294页第1段末句
第4卷	小孩子的第一个情感是爱他自己，而从这第一个情感产生出来的第二个情感，就是爱那些同他亲近的人，因为，在他目前所处的幼弱状态中，他对人的认识完全是根据那个人给予他的帮助和关心。	显然，按照你们所采取的方法，你们装模作样地不让他们知道某种事情，反而教他们知道那种事情；在你们给他们的各种教育中，只有这种教育他们才最能融会贯通。

这三种教育不是依次连续或轮流发挥作用，而是互相关联：自然的教育使孩子的体力和各部分的官能随着年龄的增长而增长；事物的教育使他通过感觉和经验而认识他周围的世界；人的教育使他了解他在社会中所处的地位和应尽的义务。

在这三种教育中，自然的教育是最基本的，其他两种教育要配合"自然的进程"（marche de la nature，第2页），才能使整个教育过程达到目标。

自然的进程

自然的进程分两个步骤。

第一个步骤包括三个阶段：幼年[①]（第1卷）、童年（第2卷）、

[①] "'幼儿'和'儿童'不是同义语。前者包括在后者之中，意思是指'不会说话的人'，所以在瓦勒尔-马克西姆的著作里我们看到有'幼稚的儿童'这种词汇。不过，我仍然是按照我们语言的习惯使用这个词，一直用到可以用其他的名词表明其年龄为止。"（第69页）

少年或前青春期的孩子（第3卷）。这个步骤重在培养身体：

> 为了要学会思想，就需要锻炼我们的四肢、我们的感觉和各种器官，因为它们就是我们智慧的工具；为了尽量地利用这些工具，就必须使提供这些工具的身体十分强健。所以，人类真正的理解力不仅不是脱离身体而独立形成的，而是有了良好的体格才能使人的思想敏锐和正确。（第150页）

第二个步骤包括两个阶段：青年（第4卷）和成年（第5卷）。这个步骤，卢梭称它为第二次诞生①，重在培养思维：

> 由于社会中有许多不可避免的原因加速了人的欲念的发展，所以，如果不同时使调节欲念的智慧也迅速发展的话，我们就会脱离自然的秩序，从而也将破坏其平衡。（第367—368页）

很显然，这两个步骤不是截然分开，而是互相关联的。儿童和青少年在不同年龄阶段，有不同的内在的发育，有不同的对外部世界的看法，有不同的能力、欲念和从外界获得的知识。他们的成长不仅仅是他们的"过去"的量的积累，而且是一个在量的积累的基础上，不断重新构造，走向完善的过程。

---

① "我们可以说是诞生过两次：一次是为了存在，另一次是为了生活；一次是为了做人，另一次是为了做一个男子。"（第286页）

须要指出的是:《爱弥儿》虽分5卷描述不同的年龄阶段的教育过程,但全书的文字布局不是板块式结构[①],而是按作者"实际观察的情况……所看到的事实"(第359页)来铺叙论点,换句话说就是:按照事物发展的逻辑来表述作者的见解。笔者在解读《爱弥儿》的过程中,也遵循这个原则,按照作者的思路,在他提出论点和事例的地方加以评价,把自己的体会提供给读者参考。

1778年卢梭逝世后,人们发现了他生前未发表的一篇短文《我的画像》。他在这篇短文中说:"当我写书的时候,我一点也不考虑全书的整体如何,我注意的只是:我知道什么才说什么。"[②]对他的这句话,我们不妨补充一句,那就是:卢梭在写书的时候,认为哪些话该在什么地方说,才在什么地方说。不补充说明这一点,怎能理解他对"自然的教育"这个论点的阐述,为什么不集中在一处说,而要像我们在前面的表格中所列举的那样,分散在第1至4卷讲呢?又如第4卷中的那个萨瓦省的牧师,为什么要等到爱弥儿的情欲已开始躁动,才把他"心中朴朴实实的思想"(第377页)告诉爱弥儿,向这个年轻人讲解上帝与宗教的真谛?更值得玩味的是,在第4卷的末尾,卢梭为什么要提出"如果我是富翁"这个假设的问题?在爱弥儿热恋苏菲,两人情意正浓的时候,他的老师——卢梭——为什么要他离开苏菲?所有这些谜一般的问题,都需要我们在有关的论点出现的地方,加以分析,才能得出恰当的答案。

[①] "这本集子中的感想和看法,是没有什么次序的,而且差不多是不连贯的。"(《爱弥儿》,原序,第1页)
[②] 《卢梭散文选》,第4页。

2　对天性的呵护应始自孩提

《爱弥儿》第1卷探讨的是从孩子出生到开始学步和牙牙学语这个阶段的教育。这个阶段，卢梭称它为"生命的第一个时期"（第68页）。在这个时期，孩子将从柔弱的依赖状态[①]，逐渐离开母亲或乳母的怀抱，扩大他对周围事物的接触和感受。

在这一卷中，卢梭介绍了书中的主人公爱弥儿和他的老师。为了培养爱弥儿，卢梭对老师的要求是很高的，甚至是十分苛刻的。他要求老师应当具备的头一个品质是"绝不做一个可以出售的人"（第27页）。他说：

> 有些职业是这样的高尚，以致一个人如果是为了金钱而从事这些职业的话，就不能不说他是不配这些职业的：军人所从事的，就是这样的职业；教师所从事的，就是这样的职业。（第27页）

卢梭认为，教师应当是年轻的，他甚至希望教师本人就是一个孩子："希望他能够成为他的学生的伙伴，在分享他的欢乐的过程中赢得他的信任。"（第30页）

至于学生，卢梭认为：既然人们要仔细挑选老师，那么，"也

[①] 这个时期的孩子是如此的柔弱，以致"如果你使他们躺着，他们可能会在这种状态中死去，像乌龟一样，永远也不能翻过身来"。（第18页）

必须容许老师去挑选他的学生。"(第31页)怎样挑选呢？卢梭告诉我们，"不能根据孩子的天赋和性格来挑选"(第31页)，因为，学生有多大的天赋和什么样的性格，只有等老师的工作即整个教育过程完成之后才知道。

为了使他的学生能起到"教育的范例"的作用，卢梭挑选了一个"智力寻常的孩子"①。他既不天资过人，也不生性鲁钝；不过，他的身体要很健康。②

我们在上篇已经谈到，卢梭在《爱弥儿》中倡导的是家庭式教育。那么，他挑选的这个孩子的家庭状况是怎样的呢？他说，"爱弥儿是一个孤儿。"(第33页)

他为什么要挑选一个孤儿呢？细读原书，人们不难发现，书中的"孤儿"不是我们通常所说的"殁了父亲"或"父母双亡"的儿童，而是卢梭为了自始至终全面掌握爱弥儿的教育而排除包括孩子的父亲在内的所有人的干扰，才这样假定他的学生是一个

---

① 关于卢梭挑选"智力寻常的孩子"的理由，请参见本书上篇·三。
② 身体健康，是卢梭对爱弥儿的要求之一。他说："一个身体多病的孩子，即使他能够活八十岁，我也是不愿意照管他的。"(第34页)他在《论人与人之间不平等的起因和基础》这篇论文中，对"野蛮人"健壮的身子十分赞赏，说他们为了保卫自己的生命和猎获物，竟赤着身子空手与猛兽捕斗，因而"养成了一副几乎是无法败坏的强壮体格"。他希望爱弥儿也能把身体锻炼得同"野蛮人"一般强壮。此外，卢梭在这里之所以如此强调"身体强壮"的必要性，还有一个目的，那就是批评英国哲学家霍布斯。他指出："当霍布斯称坏人为'强壮的孩子'时，他就把事情简直说反了。所有一切的坏事都是来源于柔弱，孩子之所以淘气，只因为他是很柔弱的；假使他的身体健康有力，他就会变得挺好的：事事都能干的人，绝不会做恶事。"(第56页)

没有父母的孤儿①:

> （爱弥儿）有没有父母，这倒没有什么关系。我承担了他们的责任，我也继承了他们的全部权利。他应该尊敬他的父母，然而他应该服从的只是我。（第33页）

关于这一点，他后来在第5卷中又再次说明了他之所以假定他的学生是一个孤儿，是因为"爱弥儿的真正的父亲是我，是我把他教养成人的"（第612页）。

《爱弥儿》第1至5卷中的故事和理论的阐述，就是在这师生两人经历的教育过程中展开的。

个人和社会

在第1卷中，卢梭着重提到了人和社会的关系。他指出：社会将改变人的天性，而且，正是由于改变了人的天性，由个人组成的社会才得到它自身的完善。

> 自然人完全是为他自己而生活的；他是数的单位，是绝

---

① 此外，卢梭还假定爱弥儿"生长名门"（第33页），也就是说，是生长在有钱人家的孩子。他为什么要假定爱弥儿是富人家的孩子呢？他的回答是，"自然的教育可以使一个人适合所有一切人的环境，所以，与其教育穷人发财致富，不如教育富人变成穷人"。（第32页）他说他这样安排爱弥儿有一个好处，那就是，"抢救了一个为偏见所牺牲的人"。（第33页）果然，后来爱弥儿还真打破了出身名门、看不起工匠的偏见，到一个木工师傅家干活，每天挣20个铜子的工钱。

对的统一体，只同他自己和他的同胞才有关系。公民只不过是一个分数的单位，是依赖于分母的，它的价值在于他同总体，即同社会的关系。好的社会制度是这样的制度：它知道如何才能够最好地使人改变他的天性，如何才能剥夺他的绝对的存在，而给他以相对的存在，并且把"我"转移到共同体中去。以便使各个人不再把自己看作一个独立的人，而只看作共同体的一部分。①

……

凡是想在社会秩序中把自然的感情保持在第一位的人，是不知道他有什么需要的。如果经常是处在自相矛盾的境地，经常在他的倾向和应尽的本分之间徘徊犹豫，则他既不能成为一个人，也不能成为一个公民，对他自己和别人都将一无好处。（第9—11页）

由此可见，《爱弥儿》的写作目的是很明确的：从婴儿出生起，对他的全部教育，应当着眼于把他培养成一个"对他自己和别人"都有用的人，培养成一个公民，以便他能承担公民的责任和义务，按照《社会契约论》中阐述的理论建造新的社会。这一点，卢梭在1755年发表的《政治经济学》中就讲了：

祖国没有自由，祖国就不能继续存在；有自由而无道德，自由就不能继续保持；有道德而无公民，道德就将荡然无

---

① 关于这段论述，请参见《社会契约论》，第53—59页，《论立法者》一文。

存。因此，如果你把人们都培养成公民，那你就一切全都有了。……然而把人培养成公民，绝非一日之功，所以，要使他长大成人的时候成为公民，就要从他在儿童的时候开始教育。①

新生婴儿收到的第一件礼物是锁链

卢梭认为：人是先有感觉而后有思想的②。他说："我们生来是有感觉的，而且我们一出生就通过各种方式受到我们周围各种事物的影响。可以说，当我们一意识到我们的感觉，我们便希望去追求或者逃避产生这些感觉的事物。"（第8页）

孩子一出生，首先接触到的是什么事物呢？他对这种事物的感觉是怎样的呢？他首先接触到的是襁褓，他对这种事物的感受是：他受到了束缚。

> 文明人在奴隶状态中生，在奴隶状态中活，在奴隶状态中死去。他一生下来就被人捆在襁褓里；他一死就被人钉在棺材里；只要他还保持着人的样子，他就要受到我们的制度的束缚。（第15页）

新生婴儿需要活动他的四肢，然而他"刚出娘胎，刚一享受到活动和伸展四肢的自由，人们又重新把他束缚起来，用襁褓把他包着"（第17页）。

---

① 《政治经济学》，巴黎加尼埃-弗拉马尼翁1990年版，第72—78页。（以下凡引该书，仅注书名、页码）
② "我先有感觉而后有思想：这是人类共同的命运。"见《忏悔录》，上册，第9页。

愿母亲们都能眷顾她们的孩子，亲自授乳哺育

卢梭论述社会败坏人的天性，就是从初生的婴儿开始论起的。因为在18世纪的法国社会，有一种不良的社会风气：人们追求和迷恋的是"上流社会"的生活。且不说豪门贵族，就是一般稍有资产的人家的妇女，都轻视她们的头等责任，不愿意自己哺育婴儿，而是把孩子交给雇佣的保姆去喂养。"保姆觉得自己在给别人的婴儿做母亲，对婴儿在天性上就不投合，所以就尽量想方设法减少麻烦。自由自在的婴儿是需要经常看守着的，但是，把他们好好地包起来以后，就可以随便放在一个角落里，任他们去啼哭。"（第17页）

> （婴儿来到世上）收到的第一件礼物是锁链，他们受到的第一种待遇是苦刑。除了声音以外，什么也不自由……（第17页）

让孩子们自由活动
"这是自然的法则,你为什么要违反它呢?"(第23页)

然而,"在偏见和人类的习俗没有改变人们的自然倾向以前,孩子和成年人之所以幸福,完全在于他们能够运用他们的自由。"(第82页)婴儿要自由自在地活动他们的四肢,这难道不是"自然的倾向"吗?人们为什么要扼制他们这种自然的倾向呢?

论述了襁褓给孩子的身心造成的伤害(见第16—17页)以后,卢梭接着又对有些妇女"过于关心"孩子的做法提出了批评。他指出:她们"希望他不遭受自然法则的危害,于是使他远离种种痛苦,可是没有想到,由于她一时使他少受一些折磨,却在遥远的将来把多么多的灾难和危险积累在他的身上,没有想到这种谨小慎微的做法……将使幼小时期的娇弱继续延长,到成人时受不住种种劳苦"。(第22页)

那么,要怎样做才好呢?卢梭回答说:

> 人们只想到怎样保护他们的孩子,这是不够的。应该教他成人后怎样保护他自己[①],教他经受得住命运的打击,教他不要把豪华和贫困看在眼里,教他在必要的时候,在冰岛的冰天雪地里或者马耳他岛的灼热的岩石上也能够生活。……所以,问题不在于防他死去,而在于教他如何生活。……生活得最有意义的人,并不就是年岁活得最大的人,而是对生活最有感受的人。虽然年满百岁才寿终而死,也等于他一生下来就丧了命,如果他到临死的那一刻都过的是最没有意义

---

① 自我保护是自然的教育的基本原则之一。卢梭在《爱弥儿》第3卷再次提到了这个论点:"一到爱弥儿知道什么是生命的时候,我首先关心的是教他怎样保持生命。"(第260页)

的生活的话,他还不如在年轻的时候就走进坟墓好哩。(第14—15页)

3 自然的教育的双重作用

我们在前面已经提到:自然的教育、事物的教育和人的教育三者要圆满配合[①],教育才能取得成功。在这三种教育中,自然的教育是最基本的;而它的重要法则之一是:人的力量与他的需要或欲望之间,必须保持平衡:

> 大自然总是向最好的方面去做的……最初,它只赋予他维持他生存所必需的欲望和满足这种欲望的足够的能力。它把其余的能力通通都储藏在人的心灵的深处,在需要的时候才加以发挥。只有在这种原始的状态中,能力和欲望才获得平衡。(第75页)

表述"平衡"和"相应地"等论点的词句,在卢梭的论述中是经常出现的。举两例如下:

> 在长大的时候,他们就获得了力量,就没有那样的扰攘不安,动个不停,就能够大大地自己克制自己。精神和肉体可以说是取得了平衡……(第58页)

[①] 即必须"使其他两种教育(事物的教育和人的教育——引者)配合我们无法控制的那种教育(自然的教育——引者)"(第8页)。

当我们无法控制一种东西过快的发展的时候，就必须让跟它有关的种种东西也以同样的速度发展，才能使秩序不至于混乱……不至于有时因为这种能力的过快发展使他成为这个样子，有时因为那种能力的过快发展使他成为那个样子。（第368页）

由此可见，在整个教育过程中，自然的教育将发挥两个作用：一个是让人的能力增长[①]，另一个是调节各部分的关系，使之像天平两头的小盘那样保持平衡。这两个作用，卢梭用两个词来表达：用"自然的进步"（progrès de la nature）表达力量的增加[②]；用"自然的秩序"（ordre de la nature）表示各种因素的平衡[③]。

然而，说来也很有趣，这两种作用是互相矛盾的，因为，力量总是在不断增长，力量的新的增长必将打破原先的平衡，以至又必须经过一番新的努力，才能取得新的平衡：这一过程将周而复始地不断进行。

《爱弥儿》第1卷论述的是人生的第一个时期，即婴儿时期，在这个时期有哪些因素应当保持平衡呢？

应当保持平衡的因素有两个，即：力量（force）和需要（besoins）。

[①] "我们的才能和器官的内在的发展，是自然的教育。"（第7页）
[②] "另外一种进步使孩子们觉得哭泣是没有那么必要的，这种进步就是他们的体力的增长。"（第71页）
[③] "由于社会中有许多不可避免的原因加速了人的欲念的发展，所以，如果不同时使调节欲念的智慧也迅速发展的话，我们就真会脱离自然的秩序。"（第367页）

这两者之间有怎样的关系呢？第 1 卷第 34—68 页探讨的，就是这个问题。卢梭以医学、食物和空气等为例，论述婴儿力量的增长；以啼哭为例，论述婴儿需要的表达。

医学

卢梭对医学的论述，不是从医学本身，而是"从道德方面来考虑医学问题"（第 35 页）。1755 年他在《论人与人之间不平等的起因和基础》这篇论文中就指出："我们的疾病大部分都是我们自己造成的。"[①] 他认为医学既不能增进我们的健康，也不能医治我们的疾病，医学"是用来治心病而不是治身病的……它替我们医治的疾病，还不如它使我们感到的疾病的可怕的印象多"（第 36 页）。他赞同洛克的意见：

> 哲人洛克在一生中用了一部分时间研究医学以后，极力劝告大家说，无论是为了预防还是因为一点儿小病，都不要给孩子吃药。我还要提出进一步的主张，我声明，我没有替我自己请过什么医生，因此，除了爱弥儿的生命确有危险以外，我也是绝不替他请医生的……（第 37 页）

他主张"遵循自然"（第 23 页）。自然的教育在持续不断地锻炼孩子，用各种各样的考验来磨砺他的性情。他说：孩子"在婴儿时期，差不多都是在疾病和危险中度过的……通过了这些考验，

[①] 《论人与人之间不平等的起因和基础》，第 56—57 页。

孩子便获得了力量；一到他们能够运用自己的生命时，生命的本原就更为坚实了"(第23页)。

在对待疾病的问题上，他主张他的学生也要像生病的动物那样"不声不响地静静地忍受"：

> 当动物生病的时候，它就不声不响地静静地忍受着，所以，我们看见呻吟憔悴的动物没有呻吟憔悴的人多。急躁、恐惧、焦虑，特别是药物，杀害了多少人啊，其实这些人的病是不至于把他们害死的，只要过一些时间就可以好起来的！也许有人会向我们说，动物由于它们的生活方式更适合于自然，所以不像我们这样容易感受疾病。说得好！我要我的学生采取的，正是这种生活方式；他采取这种生活方式，也可以得到同样的好处。(第37页)

食物

新生婴儿的食物是乳汁。"有了生命，接着也就有了需要。新生的婴儿需要一个保姆。"(第38页)[①]卢梭对保姆的挑选十分重视，他说他要亲自细心地挑选。他挑选的保姆"必须是一个身心两健的人。……如果找的是一个品行不端的人，那么，我虽不说她哺育的乳儿会沾染她的恶习，但是我要说，他将来是要吃她的恶习

---

① 卢梭主张婴儿的母亲应亲自授乳。然而，正如我们在上篇·二中谈到的，在18世纪的法国，由于社会风气的败坏，一般稍有资产的家庭中的妇女都请保姆授乳，而不亲自给孩子喂奶；"如果一个丈夫竟然同意妻子给孩子授乳的话，他就会失去体面，别人会把他当作想害死妻子的凶手"(第18页)。

的苦的"（第40页）。

卢梭认为，给孩子授乳的乳母最好是多吃素食："乡村的妇女比城里的妇女肉吃得少，蔬菜吃得多；这种素食的养生法，似乎对她们和她们的孩子是好处多于坏处。"（第41页）

他不赞成改变乳母的生活方式。"改变乳母的平常的食物，是不必要的，只需使她吃的食物丰富一点，选择得好一点，就够了。"（第42页）

空气

空气对儿童的体格将起很大的作用，"它穿过细嫩的皮肤上所有的毛孔，对那些正在成长的身体产生强烈的影响，给它们留下永不磨灭的印象"（第43页）。卢梭主张把孩子送到远离城市的乡村去抚养，让"孩子去呼吸乡村的好空气，而不愿意他呼吸城里的坏空气。……人要是像羊群似的挤在一起，不久以后就会全部消灭的。人的呼吸，对他的同类来说，是有致命的危险的：这一点，无论从实际或抽象方面说来都是真的"（第43页）。

洗澡

卢梭提醒人们要经常给孩子洗澡，而且应随着孩子的体质的增强而逐渐降低洗澡水的温度，"一直到最后，无论夏天或冬天都可以用冷水甚至冰水洗澡"（第44页）。他主张"这个洗澡的习惯一经养成以后，就不要中断，应该一生都把它保持下去。……把它当作一个增强体质的办法"（第44页）。

习惯

在婴儿时期,孩子的感觉只有两种,即舒适和不舒适。因此,卢梭提醒人们:要防止孩子感性的感觉形成习惯,以免使他们受到习惯的支配。例如过分严格地规定饮食和睡眠,这种做法就是不妥当的,因为,这样做——

> 将使他们觉得每隔一定的时间之后,就必须进那样多的饮食和睡那样多的觉,以致不久以后,他们之所以想吃想睡,就不是因为有所需要,而是由于有了那样的习惯,或者说得更确切一点,习惯使他们在自然的需要之外又增加了一个新的需要,这是必须预先防止的。

> 应该让孩子具有的唯一的习惯,就是不要染上任何习惯……不要他习惯于常常伸这只手而不伸另一只手,或者老是用那只手;不要到了那个钟点就想吃、想睡、想动……应该趁早就让他支配他的自由和体力,让他的身体保持自然的习惯,使他经常自己管自己,只要他想做什么,就应该让他做什么。(第49页)

卢梭认为,习惯有两种:一种是"强制养成的习惯",另一种是"适合天性的习惯"(第8页);前者将使人的意志受到束缚,而后者则可增进人行使意志的力量。因此,从婴儿时期起,孩子就应当养成能增强其体质和心理承受力的习惯。

> 我希望人们使他习惯于看新事物,看丑恶的和讨厌的动

物，看稀奇古怪的东西，不过要逐渐地先让他在远处看，直到最后对这些东西都习惯了，并且，从看别人玩弄这些东西，到最后自己去玩弄这些东西。如果在童年的时候看见蟾蜍、蛇和大海虾都不怕，那么，到他长大的时候，不管看见什么动物他也不会害怕了；天天都看见可怕的事物的人，就不觉得它们可怕了。（第50页）

与孔狄亚克的分歧

从对婴儿的力量增长的这几段论述可以看出，卢梭是以这几个论点为例，表明他在人的感觉的产生与观念的获得等方面，与孔狄亚克的看法有分歧。[①]

孔狄亚克1754年出版了一本有名的《感觉论》。他在书中假想了一个起先只有嗅觉的"塑像"，然后依次赋予它听觉、视觉、触觉和味觉，并详细描述每种感觉的功能和它们的综合运用。卢梭认为，孔狄亚克的理论的错误在于，他忽视了时间的效果：人的感觉器官是要经过一定时间的锻炼，才能逐步完善，发挥作用的。孔狄亚克笔下的这个"塑像"，即他塑造的这个人，在卢梭看来乃是一个没有力量而且感觉器官也未达到完善的"婴儿"，他需要时间逐渐积累力量和锻炼感官，才能成为一个能自由运用各种感觉器官的人。人的成长，不是像拼接几何图形那样瞬间就可把肢体组装完毕，而是需要经过一定的过程：

假使一个孩子生下来的时候就具有成人的身材和体

---

① 关于卢梭与孔狄亚克在哲学问题上的分歧，请参见中篇·五。

力……这个小大人将是一个十足的傻瓜。一个机器似的人,一个不活动和差不多没有知觉的铸像:他什么也看不见,什么也听不到……甚至感觉器官促使他观看的东西,他也不能把它反映到感觉器官里去……他只有一个观念,即"我"的观念……

这个人由于一下子就长大了,所以也不会用两脚站立……你们将看到,这个高大强壮的身躯只能像一块石头似的呆在原地不动,或者像一只小狗似的爬行。

身体的需要将使他感到难受,然而他又不知道究竟需要些什么,也想不出用什么方法去满足。……即使周围都是食物,他也不知道向前迈一步或伸出手去拿取……所以,也许他还没有做任何寻找食物的行动以前,就已经饿死了。(第46—47页)

与孔狄亚克笔下的"塑像"相反,爱弥儿的力量和才能,是经过自然教育的积累,从一次次学习、尝试甚至错误的经验中,一句话,从具体的实践中获得的。力量-需要-才能的关系,是能动的,而不是静止的。健康的身体、食物和各种各样的动作(婴儿总是动个不停)是孩子的力量赖以增长的基础,而良好的习惯将使他的力量的运用得到加强。

至于婴儿的需要,那是非常简单的:吃、睡和舒适。他如何表达他的这些需要呢?他表达的方式不是用手势或其他动作(他在这个时期还没有这方面的能力),而是啼哭:

婴儿觉得他有所需要,然而自己又不能满足这种需要,于是哭起来，恳求别人的帮助；如果他饿了或渴了，他就啼哭；如果他冷了或者太热了，他就啼哭；如果他需要活动，而人们又硬要他休息，他就啼哭；如果他想睡，而人们又打扰他，他就啼哭。……他只有一种语言……（第53—54页）

卢梭详细论述了如何从婴儿的哭声判断，哪些哭声表示他有所需要，应当予以满足；哪些哭声是由于孩子的任性，可以不予理睬。关于婴儿啼哭的论述，看起来好像很平常，是尽人皆知的事情，然而卢梭却十分重视，因为：

（从这些哭声中）产生了人和他周围的一切环境的第一个关系：用来构成社会秩序的那条长长的锁链，其第一环就是建造在这里的。（第54页）

4　婴儿的啼哭

婴儿一出娘胎，呱呱坠地开头的那几声清脆的叫声，人们说他是在"哭"，其实不是，恰恰相反，他开头那几声，不是在哭，而是在"笑"，他用这几声欢笑宣告他的来临；他来到世上，获得了活动和伸展四肢的自由。然而，他的欢乐不久就化为乌有，他又被人们重新束缚起来，紧紧地包裹在襁褓里，"除了声音以外，什么也不自由，他们怎么不用他们的声音来诉他们的苦呢？"（第17页）

正如我们在前面所说的，婴儿之所以啼哭，是因为他有所需要或者有不舒服的感觉，所以才以哭声作信号，请求别人的帮助。"孩子们起先哭的几声是一种请求"（第55页），这时候，"我们要进行观察，研究他需要什么，找出他的需要之后，加以满足"。但是，我们有时候不够耐心，采取了错误的做法：

> 当我们研究不出他需要什么，或者不能加以满足的时候，他就继续啼哭，而我们感到厌烦；于是哄哄他，好叫他闭嘴不再啼哭，要不然就轻轻摇他，或者唱个歌儿催他入睡；如果他还是啼哭，我们忍耐不住了，于是吓他；粗暴的保姆有时候还打他。在他开始生活的时候，他所受到的奇怪的教育就是如此。（第54页）

为了让孩子不再受这种"奇怪的教育"的折磨，卢梭提出了四个准则：

> 孩子们不仅没有多余的力量，甚至还没有足够的力量来满足大自然对他们的要求；因此，必须让他们使用大自然赋予他们的一切力量，这些力量，他们是不至于随便滥用的。这是第一个准则。
>
> 一切身体的需要，不论是在智慧方面或体力方面，都必须对他们进行帮助，弥补他们的不足。这是第二个准则。
>
> 在给他们以帮助的时候，应当只限制在他们真正需要的时候才帮助他们，绝不能依从他们胡乱的想法和没有道理的欲望，因为，胡乱的想法不是自然的，所以即使不使它实现，

也不会使孩子们感到难过。这是第三个准则。

应当仔细研究他们的语言和动作，以便在他们还不知道装伴的年岁时，辨别他们哪些欲望是直接由自然产生的，哪些是由心里想出来的。这是第四个准则。

这些准则的精神是，多给孩子们以真正的自由，少让他们养成驾驭他人的思想，让他们自己多动手，少要别人替他们做事。这样，尽早就让他们养成习惯，把他们的欲望限制在他们力所能及的范围内，他们就不会尝他们力不从心的事情的苦头了。（第58—59页）

5 孩子的牙牙学语

第1卷的最后几页（第62—68页）论述的是婴儿的语言和他们牙牙学语的过程。

卢梭认为，孩子们一生下来就会听我们说话，他们的发音器官能"一点一点地模仿我们教他们发的音"（第62页）。卢梭不反对"用歌曲和又愉快又变化多样的声调逗孩子"，但他不赞成"无休无止地用许多废话把他们搞得头昏脑涨，因为他们对那些话，除了懂得其中的音调以外，别的都不懂"（第62页）。

卢梭提醒人们：在孩子们面前"说话总要说得正确"，使他们在不知不觉中按照大人的语言"去纯化他们的语言"（第63页）。

在教孩子说话方面，卢梭不赞成操之过急，因为操之过急，反而是会"产生一个同人们所追求的目的正好相反的效果的，他们将因此而说话说得更迟，说得更乱；过分地注意他们所说的每一句话,就会忽略要他们咬清音节发音;由于他们懒于把嘴张得大大的,结果,他们当中有些人终生发音都有毛病,说话也没有条理,使别人几乎听不懂他们到底说些什么"①(第63页)。

卢梭认为,过于急躁地要孩子还没有到年龄就学说话,其最大的坏处,不在于人们最初向他们所说的话和他们自己开头说的那些词对他们来说没有任何意思,而在于"他们所理解的意思跟我们的不同,而且,我们还觉察不到其中不同的地方;以致在表面上看来,他们好像是回答得非常正确,其实他们并没有懂得我们的意思,而我们也没有懂得他们的意思"(第68页)。

卢梭强调指出:"正是由于我们在这方面没有注意到我们所说的词句在孩子们听来究竟是什么意思,所以才造成了他们最初的错误;这些错误,即使在得到纠正以后,也将影响他们一生的性情。"(第68页)

归纳起来,卢梭在第1卷末尾几页的论述,要特别注意的地方有两点:首先是对孩子讲话,必须咬字清楚,音调纯正,因为这个时期的孩子,能够听懂的是我们说话的声音,而不是词句的意思;其次是,对孩子说话,要使用他们能听懂的词,"正在学话的孩子,应该只听他能够懂得的话,只讲他能够咬清音节发音的词。……我们不应该硬是要他讲这讲那的,随着他愈来愈感到说话的用处,他自己就会好好地学讲话的。"(第66—67页)

---

① "毫无疑问,只有发音清楚的人,才能以同样的音量和同样的腔调,使远处的人们听得明白。"(卢梭:《杂感篇·发音》,《卢梭全集》,第2卷,第1248页)

二、人生的第二个时期

本卷论述的是"人生的第二个时期,幼儿期到这里就该结束了"(第69页)。

卢梭告诉人们:"人生当中最危险的一段时间是从出生到12岁。"(第96页)为什么这段时间是最危险的呢?因为在这个年龄,往往有人为地使之早熟的倾向:他置身于周围的大人当中,被当做一个"人"来看待,而实际上他只不过是一个孩子。"在万物的秩序中,人类有它的地位;在人生的秩序中,童年有它的地位:应当把成人看作成人,把孩子看作孩子。"(第74页)"他既不是野兽,也不是成年人,而是一个孩子"(第81页),"大自然希望儿童在成人以前,就要像儿童的样子。如果我们打乱了这个次序,我们就会造成一些早熟的果实,它们长得既不丰满也不甜美,而且很快就会腐烂。"(第91页)

卢梭指出:"每一个年龄,人生的每一个阶段,都有它适当的完善的程度,都有它特有成熟的时期。"(第202页)这个时期的儿童,与他在《论人与人之间不平等的起因和基础》中描写的野蛮人①十分相似：儿童只注意眼前的事情，只有感性的理解力，而无理性的推理能力。②因此，在这个时期，对儿童来说，首先应当关心的，仍然是保护他的天性不受社会环境的影响，增长他的体力和培养他的感官，使他快快乐乐地度过这个"最危险的一段时间"。

至于在这段时间将遇到些什么危险，以及如何避免这些危险，卢梭提出了"消极的教育"这个概念。不过，他提出的"消极的教育"并不是无所作为的教育，其目的，"不在于教学生以道德和真理，而在于防止他的心沾染罪恶，防止他的思想产生谬见。"（第96页）这一点，我们在后文中还将谈及。

1 童年的基本状况

这个阶段的孩子离开了母亲的怀抱，面临着现实世界。他当前面临的现实情况是：他想独立活动，他要用他自己的力量来满足他独立活动的需要；他发现他的力量太弱，他想做些事情，但往往力不从心。在这个时候，应当使他及早明白：他之所以不能做他想做的事情，是他的体力不足，而不是什么人不让他做。"使他的行动受到约束的，是他的体力，而不是别人的权威。"（第92

---

① 野蛮人"唯一关心的是他眼前的生存，对于将来（即使是就要临近的将来）他从来没有想过；他的计划，同他的视野一样，是很有限的，就连当天黄昏以前要做些什么事情，他也预见不到"。（引自《论人与人之间不平等的起因和基础》，第64页。）

② 卢梭认为："按照自然的进程来说……在他们的心灵还没有具备种种能力以前，不应当让他们运用他们的心灵，因为，当它还处在蒙昧的状态时，你给它一个火炬，它也是看不见的。"（第96页）

页）卢梭提醒人们：在这个时期，不要对孩子"进行任何种类的口头教训，应该使他们从经验中去取得教训"（第94页）。在他活动的领域里，一切都要由客观的事情说"是"或"不"：

> 使孩子只依赖于物，就能按照自然的秩序对他进行教育。如果他有冒失的行为，你只需让他碰到一些有形的障碍或受到由他的行为本身产生的惩罚，就可以加以制止；这些惩罚，他是随时都记得的，所以，无须你禁止，也能预防他顽皮捣乱。经验和体力的柔弱，对他来说就是法规。（第83页）

应当让孩子知道，"在他高傲的颈顶上有一副大自然强加于人的坚硬的枷锁……任何人都要乖乖地受它的约束。"（第92页）这个铁的法则，就是事物的教育。

面对严酷的现实，大自然赋予了孩子一种天然的官能做他行动的向导。这个官能就是他的感觉。小孩子是有很敏锐的感觉的。"他所看见的和他所听到的一切，都会对他产生影响"（第127页），因此，我们应当"尽量用可以感觉到的事物去影响他"（第89页）。卢梭告诉人们："我们最初的哲学老师是我们的脚、我们的手和我们的眼睛。"（第149页）

处于这个阶段的孩子，他的情感和愿望，仍然是只知道维护他自己，只注意他眼前的事物，对他来说，一切事情转瞬间就消失。小孩子"没有真正的记忆"[①]（第126页），他们不能记忆过去，

[①] "我认为仅仅保留一些感觉是不能叫作记忆的。"（第126页）

也不能预测将来,他们目前还"没有判断的能力"(第120页),也没有想象力:"嗅觉是想象的感觉……嗅觉在童年时期不会过分活动。"(第200页)

现在,他们处于既不记忆过去又不企盼未来的现实生活中,因此,他们"不会去学那些在现时对他们既无趣味也无用处的东西"(第135页)。对他们来说,只有"现实的利益才是最大的动力",甚至是"唯一的动力"(第136页)。

这就是为什么可以把馋嘴贪吃看作代表童年生活或儿童思想的典型特征的原因。"在孩童时期,我们心中所想的只是吃"(第194页),因为它把孩子的感觉和眼前的利益结合在一起了。他吃他的糕点,怡然自得,吃得很开心,感到很满足。"使他按他自己的能力生活,使他注意同他有直接关系的事情……这是自然的次序。"(第137页)

孩子在童年时期的基本状况就是这些:他的体力不能满足他的需要,他行事全凭自己的感觉,他只注意他眼前的生活和眼前的需要。在这个远远超过他的能力的世界里,他要接受自然的和事物的两重教育,才能健康成长。

须要着重指出的是,在自然的教育与事物的教育之间,联系的纽带是"需要":

> 绝不能因为他要什么就给什么,而要看他是不是确实有需要。当他在活动的时候,不要教他怎样怎样地服从人,同时,在你给他做事的时候,也不要告诉他怎样怎样地使役人。要让他在他的行动和你的行动中都同样感到有他的自由。当

他的体力满足不了他的需要的时候,就要弥补他的体力之不足,但是只能够补充到恰好够使他自由活动,而不能让他随意地使唤人,因此,要使他在得到你的帮助的时候有一种羞愧的感觉,从而渴望自己能够及早地不要人家帮忙,及早地体体面面自己做自己的事情。(第83页)

凡是你打算给他的东西,他一要就给,不要等到他向你乞求,更不要等到他提出什么条件的时候才给他。给的时候要高高兴兴的,而拒绝的时候就要表示不喜欢的样子;不过,你一经拒绝,就不能加以改变,尽管他再三纠缠,你也不要动摇;一个"不"字说出去,就要像一堵铁打的墙,他碰五六次就会碰得精疲力竭,再也不想来碰了。(第93页)

2 童年时期的思维

我们在前面已经谈到,儿童在这个时期的活动,全凭感觉行事,他目前还没有理性思维:"儿童时期是理性的睡眠时期。"(第119页)通过他的感觉,他可以获得对外界事物的感性认识,"所有一切都是通过人的感官而进入人的头脑的,所以人的最初的理解是一种感性的理解,正是有了这种感性的理解做基础,理性的理解才得以形成。"(第149页)

财产观念和契约行为

我们注意到,卢梭在本卷插入了两段似乎与主题无关的题外话:一段涉及政治领域中的社会制度问题(第82页),另一段涉及经济领域中的交换问题(第106页)。但是,细细阅读,我们发现,卢梭是用这两段话做引子,证明孩子通过感觉可以对诸如财产的占有以及契约和契约的履行等道德观念问题有一个浅近的了解。卢梭将证明这些观念的获得,不需要理性的参与;尽管孩子没有哲

爱弥儿和园主罗贝尔的一段对话(手稿)

学家那样的推理能力,但他们童稚的心①也能感到事物的本质。

为了证明这一点,卢梭在这里写了一段菜园的主人罗贝尔和爱弥儿与老师(让-雅克)三人之间的对话(第105—106页):爱弥

---

① "要想成为哲学家,就需要保持苏格拉底的那种孩子气。"(孔狄亚克:《论人类知识的起源》)

儿在罗贝尔的菜园的一小块土地里种了一些蚕豆,他每天都来给蚕豆浇水,细心侍弄。有一天,他发现他种的蚕豆被园主罗贝尔连根铲掉。罗贝尔说在他园子里种了甜瓜,并告诫爱弥儿,不仅在他的园子里不让爱弥儿种蚕豆,在别人的园子里也不让种,因为"所有的土地早都被人占完了"(第106页),也就是说,都有人耕种了。通过这几句对话就可让孩子明了"财产的观念是怎样自然而然地追溯到第一个以劳动占有那块土地的人的权利的"(第106页)。

在爱弥儿大体上明白了园主的财产权利以后,老师接着便提出:"我们可不可以同诚实的罗贝尔商量个办法?请他在这个菜园里划一小块地方给我们,让我的小朋友和我种东西,条件是,所得的收成我们分一半给他。"(第106页)很显然,老师在这里所说的"办法",实际上是一种契约行为,尽管爱弥儿这时候没有听说过"契约"这个词,但契约观念将随着财产观念自然而然地在他的头脑里产生。"当这个顽皮的孩子在地上挖一个窟窿种蚕豆的时候,他绝没有想到他是给自己挖牢房,让自己的知识迅速地把他自己关在里面。"(第108页)

为什么契约观念和力量有自然的关系呢?卢梭紧接着用孩子打破窗子的故事来解答了这个问题。爱弥儿打破了他房间的窗子,老师没有生气,也不急着修理,"让他昼夜都受风吹"。在他第二次打破窗子时,老师也没有生气,只是把他关在"一间没有窗子的黑屋子里",直到他在黑屋子里待得"感到心烦",不得不和老师订一个条约,"根据这个条约,你还他的自由,而他今后也不再打破你的窗子。"(第107—108页)

土地是园主的,窗子是老师的,这个关系是孩子可以感觉得到的。"要尽量用可以感觉得到的事物去影响他,则他所有的一切观念就会停留于感觉;使他从各方面都只看到周围的物质世界;不这样做,他准是一句话都不听你的,或者对你所讲的精神世界就会产生一些荒谬的概念,使你一生也没有办法替他消除。"(第89页)

"这样的教育或迟或早是要进行的,只不过是要看学生的性情是温和还是暴烈而提前或延迟进行的时间罢了。"(第107页)不过,卢梭也提醒人们:进行这样的教育,也可能带来严重的后果。因为,随着契约观念的产生,情况就有了变化:

> 我们现起进入了道德的世界,这里向罪恶打开了大门。欺骗和撒谎的行为将随着社会习俗(契约行为)和义务而同时产生。一个人既能做他不应该做的事情,也就想掩饰他该做而未做的事情。一种利益既可使人许下诺言,则更大的利益就可使人违反诺言。(第108页)

因此,在进行这种教育的过程中,每一个步骤都要十分稳妥①,也就是说,必须处处都让孩子感觉到整个事情只涉及事物的关系,而他之所以要按契约行事,是屈服于事物的力量,而不是屈服于他人的意志:"我愈是使他美好的生活不受他人的意志和判断的影响,我就愈能使他明白撒谎对他没有好处。"(第111页)

---

① "在培养道德观念的过程中……不能怪我们每一步都走得太稳的。"(第107页)

识字——事物的教育的又一个例子

当一个人感到有某种需要的时候,就必然会采取行动去满足他的需要:需要是行动的原动力。

卢梭不赞成小孩子读书。他认为"读书是孩子们在儿童时期遇到的灾难"(第135页)。当小孩子还不知道读书的用处的时候,如果强迫他读书,他将感到读书是一种苦刑。

但是,卢梭并不反对小孩子学识字,因为识字有时候是生活的需要。

"爱弥儿有时候接到他的父亲、母亲或亲戚朋友的请柬,请他去赴宴、游览、划船或看戏",尽管请柬上只有短短的几句话,但他一个字也不认识,因此"需要找一个人来念给他听"。可是,这样的人不是到时候找不着,就是找着了,也故意磨磨蹭蹭,到最后才帮他念。这时候,"事情过去了,时间也过去了",不是宴会已经散席,就是好玩的事情已经结束。"唉!要是自己能识字就好啦!"[①](第136页)

显而易见,这个办法的精神是:"促使孩子有学习的欲望。你使孩子们先有这个欲望,然后……随你用什么办法去教,都可以把他教得很好的。"(第135—136页)

须要指出的是,这个故事的目的,不是告诉人们教孩子识字的方法,而是阐明力量与需要之间的关系。识字是一种能力,一种力量,有了这个力量,就可以满足读懂请柬的需要。这是事物

---

① 在卢梭的《新爱洛伊丝》卷5第3封信中,朱莉教她的孩子识字,也采用了类似的办法。参见本书附录《朱莉论儿童教育》。

的教育的主旨;达到了这个目的,卢梭就到此停止,而不谈与主题无关的琐事:"我现在给不给他讲怎样写字呢?不,我是不好意思在一部论述教育的著作中拿这些琐琐碎碎的小事情消遣的。"(第136页)

《爱弥儿》是一部论教育的书,而不是讲教学法的书。

发人深省的提示

在第2卷中,对于事物的教育的论述,情节生动,文笔十分简约,然而,耐人寻味的是,卢梭在描述的过程中,不时插入一些似乎与主题无关的文字。这些文字,有的是对人们的生活享受敲起警钟,如"我们已不再按我们的能力而生活,我们的生活已超过了我们的能力许可的范围。……人啊!把你的生活限制于你的能力,你就不会再痛苦了"(第79页)。有的是揭露政治权力的运用往往操之于小人,如:"'人民是我的臣属',你骄傲地这样说。诚然。可是你又是什么人呢?你是你的大臣的臣属。你的大臣又是怎样的人呢?是他们的属员和情人的臣属,他们的仆人的仆人。"[①](第80页)有的是告诉人们医治这些弊病的良方,如"如果说有什么方法可以医治社会中的这个弊病的话,那就是要用法律来代替人,要用那高于任何个别意志行动的真正力量来武装公意"[②](第82—83页)。

---

① 泰米斯托克里向他的朋友说:"你在那里看见的那个小孩子,就是希腊的主宰;因为他统治他的母亲,他的母亲又统治我,我又统治雅典人,而雅典人又统治希腊人。"啊!如果我们从国王一步一步地追踪到幕后操纵一切的第一个人,我们往往发现,指挥庞大的帝国的人是多么渺小!(第80页注①)

② 关于个别意志和公意的论述,请参见《社会契约论》,卷2,第35—41页。

这几段文字，乍看起来，好像是兴之所至、任意发挥的题外话。其实不然，在论述对事物的需要的过程中提出权力和代表公意的法律问题，其目的在于阐明人在物质世界中的地位：

> 明智的人是知道怎样站稳他的地位的；可是孩子，他认识不到他的地位，所以也就不知道应该安于他的地位。在我们当中有千百条脱离他的地位的道路，因此要完全依靠管教孩子的人把他保持在那里，这个任务是很不容易的。他既不是野兽，也不是成年人，而是一个孩子；他必须意识到他的柔弱，但是不能让他因为柔弱而受痛苦；他应当依赖成年人，但不能服从成年人的摆布；他可以提出要求，但不能发布命令。只有在他确有需要，或者因为别人比他更明白什么东西对他最有用处，什么东西有助于或有害于他的生存的时候，他才可以听命于别人。任何一个人，即使是他的父亲，也没有权利命令孩子去做对他一无用处的事情。（第81—82页）

感觉和感官训练

在论述了孩子在社会中的地位以后，卢梭又回过头来继续谈增强孩子的体力和培养他的感官的自然教育。

> 由于人的最初的自然的运动是观测他周围的一切东西，是探查他所见到的每一样东西中有哪些可以感知的性质同他有关系，因此，他最初进行的研究，可以说是用来保持其生存的实验物理学……（第149页）

从这里起，书中讲述了许多小故事和有趣的情节，用来说明孩子对他周围事物的认识在逐步提高。这些故事和情节的中心思想，是在论证力量、欲望和知识之间的关系，使孩子从实践经验中领会到：他的一切活动是否能愉快地进行和达到预期的目的，都取决于这三者之间能否保持平衡。

同第1卷一样，卢梭在本卷中强调的仍然是儿童体质和官能的"内在的发展"；给孩子穿的衣服要宽大，绝不能让衣服妨碍身体各部分的活动和成长。（第151页）给孩子喝的是清水，"水里不加任何东西，甚至连热都不热一下，即使他汗流浃背，即使是在隆冬，都要这样。"（第155页）训练他无论在什么地方都可以睡觉；开始就要使他"习惯于在不好的地方也能睡觉……在木板床上睡惯了的人，是哪里都能入睡的"（第156页）。此外，还要教他学游泳，"将来，爱弥儿在水里也能像在陆地上一样地生活。要使他在一切环境中都能生活！如果一个人能够在空中学飞的话，我就要使他变成一只鹰；如果能够受得住火烧的话，我就要使他成为一条火蛇。"（第160页）这一切的主要目的，是在锻炼孩子的体力和耐力。

与体力相联系的是感觉，它指挥体力对事物发生作用，并获得对事物的认识。每一种感官都有它的特性：触觉、视觉、听觉、味觉和嗅觉各有各的用途。感觉引导体力的运用，而体力的运用又反过来锻炼感官。使之愈来愈敏锐：

> 在我们身上首先成熟的官能是感官，因此，应该首先锻炼的是感官……锻炼感官，并不仅仅是使用感官，而是

要通过它们学习正确的判断,也就是说要学会怎样去感受;因为我们只有经过学习之后,才懂得应该怎样摸、怎样看和怎样听。

……

所以,不只是要锻炼体力,而且要锻炼所有一切指挥体力的感官;要使每一种感官都各尽其用,要用这个感官获得的印象去核实另一个感官获得的印象。……如果你使他养成习惯,对自己的一切动作都预先想一想它的效果,并且按自己的经验纠正错误,那么,他活动的时间愈多,他就愈变得聪明……(第 161 页)

现在,让我们来看书中对五种感官是怎样论述的,看它们是如何使人变得有判断能力的。

(1)触觉

卢梭对儿童感官的锻炼十分重视,他在《爱弥儿》第 1 卷中写道:

他什么东西都想去摸一摸,什么东西都想去弄一弄:他这样地动个不停,你绝不要去妨碍他,因为这可以使他获得十分需要的学习。正是这样,他才能学会用看、摸和听的办法,特别是把看见的样子和摸着的样子作一个比较,以及用眼力来估计他用手指摸一下会有怎样的感觉——学会用这些办法来了解物体的冷热、软硬和轻重,来判断它们的大小、它们的样子和能够感觉出来的性质。(第 51—52 页)

爱弥儿赢得了奖品（第176页）

在儿童的活动中，运用得最多的是触觉，而且总是和视觉一起运用；触觉在感知事物的过程中，总是首先得到视觉的帮助：他看见什么，就想去动什么。为了撇开视觉的帮助，单独锻炼触觉，卢梭主张夜间训练："多在夜间做游戏。这个办法的重要性，远远不是从表面上看得出来的。"（第163页）他甚至主张把孩子当做一个盲童来训练："我宁可让爱弥儿的指头上长眼睛，也不愿意他到蜡烛铺去买一支蜡烛。"（第162页）

不过，卢梭并不是一个简单的感觉论者。他认为，触觉的运用，必须同其他的感觉结合起来，才能得到对事物的正确认识："我们在需要的时候，还可把肌肉的力量和神经的活动联系起来，通过同时产生的感觉，把对温度、大小和样子的判断同对重量和硬度的判断结合在一起。……使我们在外界物体接触我们的身体时能获得最正确的印象……给我们以保存生命所需要的直接知识。"（第170页）

（2）视觉

触觉只能触及我们身边的事物，而视觉却能使我们看到离我们很远的东西；然而，恰恰由于它延伸的地方太远，所以容易发生错误："它总是比其他的感觉先接触物体，所以它的作用总是发挥得太快，涉及的范围总是太广，以至其他的感官无法对它加以矫正。"（第173页）

有没有办法弥补这个缺点呢？卢梭认为有。他提出的办法是"使视觉器官从属于触觉器官，也就是说，用后面这种器官的稳重的行为去克制前一种器官的孟浪。如果缺少这种练习，我们的估计就会估得非常不准"（第174页），"需要花很多时间去学习观

看,需要常常把视觉同触觉加以比较,才能使它熟练于观察形状和距离之间的正确关系。"(第178页)

为了验证这些看法,卢梭讲了一个用赛跑的办法让孩子去夺取点心的故事(第175—178页):"经过几个月的试验和纠正测量的错误以后,就使他的眼睛变成了一个目测仪,以致我随便把一块点心放在很远的地方,他一看就知道有多少距离,其准确的程度同测量师用测链测量是一样的。"(第178页)

(3)听觉

听觉对于距离的估量,其过程与视觉有所不同,因为在"同一个物体发出的两种印象中",有一个先到达接受印象的器官。"当我们看到大炮的火光时,我们还可以进行躲避,但一听到了爆炸声,那就来不及了,因为炮弹已经到了我们跟前。我们可以根据闪光和雷声之间相隔的时间来判断那一声霹雳是从多远传来的。你们要使孩子们懂得这些经验……并且能举一反三,归纳出其他的经验。"(第187页)

卢梭把听觉器官和发声器官联系在一起论述,从而引申到教孩子如何说话和唱歌:说话的声调要"匀称而清楚,要咬清音节,要吐字准确而不故意做作……唱歌的时候,声音也要唱得准,唱得稳,唱得柔和而响亮"(第188页)。

关于触觉、视觉和听觉这三种与体力运用有关的感觉器官的锻炼,卢梭谈到这里就告一段落,接下来便论述与增进体力有关的两种感觉——味觉和嗅觉的锻炼。

(4)味觉

我们每天都在不停地活动,"我们的体力在不断地消耗,所以需要继续地使它恢复元气。虽然我们有把其他物质变成我们本身的物质的能力,但对物质不能不有所选择,因为,并不是所有的食物都是适合于人吃的;由于一个人的体质和他居住的地区、他的特殊的性情以及由他的职业所决定的生活方式不同,所以,在人能吃的东西中,有些很适合于他,有些则不那样适合于他。"(第190页)

如何选择适合于我们吃的食物呢?卢梭的回答是:根据我们的口味和食欲,"只要他按照他原始的食欲觉得最可口的食物,就一定是最有益于健康的食物。"(第190—191页)因此他主张"尽量让孩子保持他原始的口味,使他吃最普通和最简单的东西,使他的嘴经常接触的是一些清淡的味道,不要养成一种爱好过于厚重的味道的习惯"(第192页)。

(5)嗅觉

如同视觉比触觉先发挥作用一样,嗅觉比味觉也先发挥作用:我们总是先闻到气味,然后才尝到味道。嗅觉是一种想象的感觉:气味所触动的,"与其说是人的感官,不如说是人的想象力"(第200页)。我们闻到某种气味,想象力便活跃起来,我们的心里便对之产生愉快的或厌恶的感觉。愉快的感觉有益于我们的健康,而厌恶的感觉将损害我们的身体。

大多数孩子的嗅觉都很迟钝[①],不像大人的"嗅觉这样容易受到一种快乐的感觉或痛苦的感觉的影响,因而从其中感到愉快或

[①] "在孩子们的感觉器官中,嗅觉器官的发达是最迟的;一直到两三岁的时候,他们好像还嗅不出好的或坏的气味来;我们发现,他们像一些动物那样,对气味是不在乎的,或者说得更确切一点,是没有感觉的。"(第52页注[①])

痛苦"(第201页)。所以,对于孩子的嗅觉的锻炼,留待他们有了足够的想象力和判断力以后,也不为迟。

(6)共通的感觉

在第2卷的末尾,卢梭论述了第六个感觉的培养。他"把这第六个感觉称为共通的感觉,其所以这样称法,并不是因为人人有这种感觉,而是因为它是由其他的感觉的很好的配合使用而产生的"(第202页)。

共通的感觉"没有一个单独的感觉器官,它只是存在于人的头脑里"。它的功用是"通过事物的种种外形的综合而使我们知道事物的性质",也就是说"把几种感觉组合成简单的观念",从而对事物取得感性的理解。

大自然对儿童的成长十分关心,它希望他健康地成长,成为一个"成熟的孩子"(第202页),而不愿意他成为一个早熟的孩子。在他的各部分器官发育成熟以前,它处处留心,防止来自外部的不良习气和偏见浸染他的心灵。卢梭提醒人们:

> 大自然使一个孩子的头脑具备了这种能够接受种种印象的可塑性……是为了让那些能够为他所理解和对他有用处的观念,这些观念关系到他的幸福和日后指导他履行其天职,早已以不可磨灭的印象记在他心中,使他一生当中能按照适合于他的天性和才能的方式过他的生活。……使他在不知不觉中继续不断地丰富他的记忆,从而增进他的判断能力。为了培养他具备这种头等重要的能力,真正的好办法是:要对他周围的事物加以选择,要十分慎重地使他继续不断地接触

他能够理解的东西，而把他不应该知道的事物都藏起来，我们要尽可能用这个办法使他获得各种各样有用于他青年时期的教育和他一生的行为的知识。（第 127—128 页）

3　消极的教育

消极的教育是卢梭教育思想的重要概念之一。对于这个概念，他在 1762 年 11 月写给巴黎博蒙大主教的信中阐述得最清楚，他说：

> 我们身体的各种器官是我们用来获取知识的工具，在用它们去获取知识之前，一切旨在促使它们趋于完善的教育，我皆称之为消极的教育；它将通过感官的锻炼，为理性的发展做准备。

从这段话中可以看出，消极的教育包含了自然的教育和事物的教育的内容；它的任务是为理性的活动打好基础。

> 要从事一门职业，首先就要有从事那门职业的工具……为了要学会思想，就需要锻炼我们的四肢、我们的感觉和各种器官，因为它们就是我们的智慧的工具；为了尽量地利用这些工具，就必须使提供这些工具的身体十分强健……有了良好的体格，才能使人的思想敏锐和正确。（第 149—150 页）

事物的教育使我们获得对外界事物的观念，使我们从经验中了解我们的力量和我们的需要之间的关系。利用事物去教育孩子，就是卢梭所说的"听其自由不加管束的办法"（第137页）。

正如卢梭在第1卷中所说的，人要受三种教育——自然的教育、事物的教育和人的教育，因此，他提醒人们，必须"让大自然先教导很长的时期之后，你才去接替它的工作，以免在教法上同它相冲突"（第119页）。消极的教育的精神全在这里。

消极的教育是一门"需要在很长的时期中刻苦学习才能学会的艺术"（第150页）。卢梭甚至把忍受痛苦和伤病也看作消极的教育的内容之一：

> 他正该在这样的年龄开始学习勇敢的精神，在毫不畏惧地忍受轻微痛苦的过程中，他就会渐渐学到如何忍受更大的痛苦了。
>
> 我非但不小心谨慎地预防爱弥儿受什么伤，而且，要是他一点伤也不受，不尝一尝痛苦就长大的话，我反而会感到非常苦恼的。（第70页）

孩子有他的思想，我们要尊重他的思想，不能用我们的思想去代替他的思想，因此，在施教的过程中，切不可滥用大人的权威：

> 要按照你的学生的年龄去对待他。……千万不要对他采取命令的方式，不论什么事情，都绝对不能以命令从事。也不要使他想象你企图对他行使什么权威。（第92页）

卢梭不赞成洛克所说的"用理性去教育孩子"（第89页）。因为，"如果孩子们是懂得道理的话，他们就没有受教育的必要了"（第90页）。

书中（第90页）有一段向孩子们进行道德教育的对话，很有趣，引录如下：

> 老师：不应该做那件事情。
> 孩子：为什么不该做那件事情？
> 老师：因为那样做是很不好的。
> 孩子：不好！有什么不好！
> 老师：因为别人不许你那样做。
> 孩子：不许我做的事情我做了，有什么不好？
> 老师：你不听话，别人就要处罚你。
> 孩子：我会做得不让人家知道。
> 老师：别人要暗暗注意你的。
> 孩子：我藏起来做。
> 老师：别人要问你的。
> 孩子：我就撒谎。
> 老师：不应该撒谎。
> 孩子：为什么不应该撒谎？
> 老师：因为撒谎是很不好的，等等。

"不可避免地要周而复始这样进行下去的。不要再进行了，孩子是再也不会听你这一套的。这种做法哪能有很大的用处？"（第90—91页）

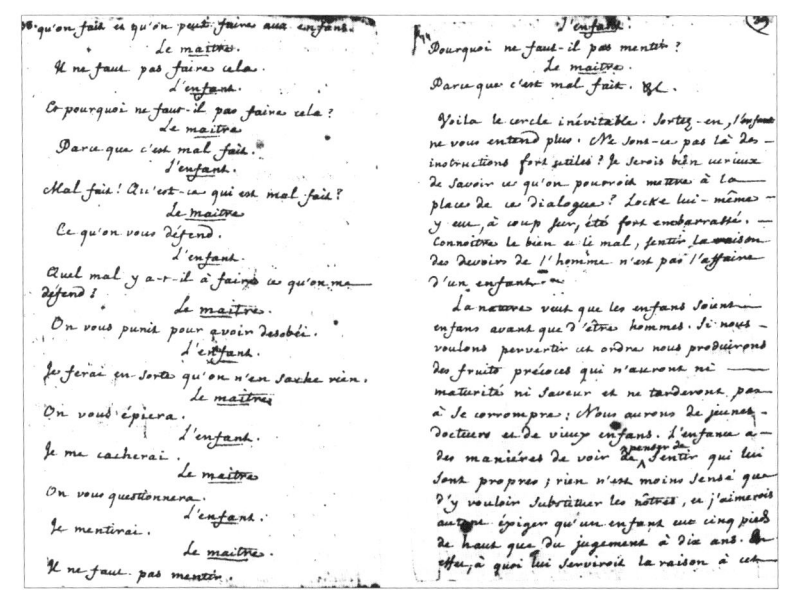

"向孩子们进行的或可能进行的种种道德教育，差不多都可以归纳成如下的一套对话。"（手稿）

消极的教育还有一个重要的内容是：必须"堵好所有一切虚荣的关口"（第207页）。例如在前面讲的用赛跑的办法让孩子去夺取糕点的故事中，就要防止他把夺取糕点的贪食之心变成和他人一比高低的虚荣心，在这个阶段要使"他做任何事情，都不能是因为他同别人的关系，而只能是因为自然对他的要求"（第95页）[1]。

最后要提到拉·封登[2]写的寓言。卢梭不赞成在这个时期用它

---

[1] "贪食心比虚荣心好得多，因为前者是一个自然的欲望，是直接由感官决定的；而后者则是习俗的产物，每每为人的轻浮行为和各种恶习所左右。"（第193页）
[2] 拉·封登（1621—1695），法国寓言作家和诗人。

来教育孩子。①

是的，拉·封登用诗体写的寓言故事，不但情节生动有趣，而且音韵和谐，朗朗上口，人人都喜欢读。在法国人的家庭中，人们往往让孩子当众背诵，以显示其聪慧。卢梭对这种做法极力反对。他问："人们怎么会这样糊涂，竟把寓言也称为孩子们的修身学，毫不考虑寓言固然可以使他们高兴，但同时

《乌鸦与狐狸》（第129页）

也会使他们产生谬误，毫不考虑他们受了杜撰的事情的迷惑，就必然会遗漏真理，毫不考虑这样教法虽然可以使他们觉得有趣，但也妨碍了他们从其中得到益处？"（第128页）

他对拉·封登写的《乌鸦和狐狸》这篇寓言逐句进行了分析（第129—132页），他的结论是，"只要你长期同曾经学过寓言的孩子在一起，你就可以发现，当他们有机会把所学的寓言拿来应用时，他们的所作所为差不多同寓言作者的意图完全是相反的；对于你想纠正或防止的缺点，他们不仅满不在乎，而且还偏偏喜欢为非作恶，以便从别人的缺点中得到好处。在前面所讲的那个

---

① 爱弥儿"开始学习寓言的时候"要到第4卷才到来。

寓言中，他们一方面嘲笑乌鸦，而另一方面却非常地喜欢狐狸"（第133页），学狐狸花言巧语把别人嘴里的奶酪骗出来。

4 本章的小结

《爱弥儿》第2卷论述的主题是使儿童通过其感觉去认识外部世界的教育过程。把卢梭在《爱弥儿》中对这个时期的儿童的描写，与他在他的《论人与人之间不平等的起因和基础》中对野蛮人或原始人的描写加以比较，我们便发现他们之间既有许多相同的地方，也有许多相异的地方。

野蛮人和儿童相同的地方是：他们都处于天然的无知状态；他们只有生活的需要而没有其他的欲念，他们没有虚荣心和嫉妒心，没有善与恶、美与丑等道德观念，懵懵懂懂，无忧无虑。两者的理性都处于"睡眠时期"。

他们不同的地方是：野蛮人在森林中孤独地生活，与野兽杂处，终日游来荡去，各找各的食物；没有语言，不与同类交往，没有人与人之间的关系，独来独往，十分自由；森林中没有新奇的事物刺激他们的感官，森林生活十分平静和单调，周而复始，千百年都是那个样子。而儿童则不然。他们出生在文明社会，周围都是人，他们不可避免地要同别人有这样和那样的关系，因而容易产生虚荣心、嫉妒心和竞争心，使天性遭到败坏，有过早地脱离天真无邪的蒙昧状态的危险。

读完全卷，我们发现，人类花了千百个世纪的时间才从原始社会过渡到文明社会，而如今的儿童，从呱呱坠地到12岁，就能说话，就能识字、唱歌和做游戏，并有把不同的事物进行比较的能力：这么快速的发展，使他在12年中就走完了人类花了千百万年才走完的路程。速度过快了，就容易出偏差，就有使儿童趋于早熟的可能。这一点，在对儿童进行教育和培养的过程中，是值得注意的事情。

为了避免儿童早熟，卢梭提醒人们："最初几年的教育应当纯粹是消极的。"不要急于求成，"不仅不应当争取时间，而且还必须把时间白白地放过去"（第96页）。在这段期间要着力于锻炼他的身体和培养他的感知能力。消极的教育的作用不在于教孩子许多知识，而在于防止他的思想产生谬见。卢梭告诉人们："人生当中最危险的一段时间是从出生到12岁。在这段时间中还不采取摧毁种种错误和恶习的手段的话，它们就会发芽滋长，及至以后采取手段去改的时候，它们已经是扎下了深根，以致永远也把它们拔不掉了。"（第96页）

三、童年的第三个阶段

把《爱弥儿》第 3 卷和第 2 卷加以比较，我们便发现第 3 卷和第 2 卷的写法相同，但笔调变了。第 3 卷的写法依然是用小故事和有趣的情节来论证作者提出的观点。在这个阶段，我们还是处于儿童时期，也就是说还没有脱离"事物的教育"的时期。不过，在"把时间白白地放过去"的心灵平静的时期之后，我们现在的工作要加快步伐，抓紧时间进行，因为，这个阶段"是生命中最珍贵的时期，一生中这样的时期只有一次；这个时期特别短促，尤其是想到怎样善于利用这段时间对他是至关重要的时候，就更觉得它是非常短促了"（第 213—214 页）。

在第 2 卷中，孩子行为的因果关系是短暂性的，只涉及他眼前的需要，并用他有限的体力去满足他的需要。而现在却不然了："他现在的体力除满足他所有的需要以外，还绰绰有余。"（第 212 页）这"绰绰有余"是一个信号，它宣告他已经为理性的开始活动做好了准备。

1　好奇心——孩子寻求知识的动力

在这个新的阶段，孩子对事物的判断，不仅仅是根据他自己眼前的需要，而且还要看该事物将来对他有什么用处。他的想象力和理性已开始活跃，他的体力已超过了他的需要：[①]"作为成人，他还很柔弱，但作为孩子，他就是非常的强壮了。"（第212页）他要想方设法使用他多余的体力；他对外界的一切都感兴趣，有不明白的地方，就自己想办法解决遇到的难题；他对什么事情都想自己试一试，极力想窥探其中的奥秘；他变得非常好奇：

> 开始，孩子们只不过是好动，后来就变得好奇；这种好奇心只要有很好的引导，就能成为我们现在所讲的这个年龄的孩子寻求知识的动力。（第215页）

不过，卢梭提醒人们：

> 真正有益于我们幸福的知识，为数是很少的，但是只有这样的知识才值得一个聪明的人去寻求，从而也才值得一个

---

① 这里所说的"他的体力已超过了他的需要"，是指他目前的体力已超过了他目前的需要。然而他目前的需要在一天天增加，他未来的需要更是难以估量。说来也很奇怪，正是由于他目前的和未来的需要在增加，所以才使他多余的体力派上了用场，遏制了其他妄念的产生，并为好奇心的活跃提供了广阔的领域。

孩子去寻求，因为我们的目的就是要把他培养成那样的聪明的人。总之，问题不在于他学到的是什么样的知识，而在于他所学的知识要有用处。

在这为数很少的知识中，凡是那些必须要具有十分成熟的理解力才能懂得的，凡是那些牵涉到一个孩子不可能理解的人的关系的，以及那些尽管本身是真实的，但将促使一个没有经验的人对其他的问题产生错误想法的，都要通通抛开，不能拿来教育孩子。

这样一来，你就把你要教的东西限制在一个同现时的事物有关的很小的范围了；不过，这个范围，以孩子的思想衡量起来，仍然是一个很广阔的境界。（第214—215页）

2 "这有什么用处？"

现在，孩子的好奇心使他时时刻刻在窥探着他周围的世界；现在，"教孩子学习在他那个年龄看来是有用的事物"的时候已经到来。每当他发现一个新奇的事物或遇到一个新的问题时，他就要问："这有什么用处？"（第235页）

"这有什么用处"这句话，今后将成为"他和我之间的我们生活中的一切行动"的指针。

在这里，卢梭讲了一个故事：有一天，当他和爱弥儿正在研究太阳的运行和定方位的方法时，爱弥儿突然打断他的话问："研究这些有什么用处？"（第237页）

"啊,我看到蒙莫朗西了!回家吃午饭,回家吃午饭,快跑:天文学有时候也真有点用处呀。"(第246页)

老师当时没有急于回答他。第二天早晨，他带爱弥儿到森林中去玩，玩到中午又累又饿时，他们却迷失了回家的方向。孩子急得哭了起来；这时，老师提醒他："我们有一个在中午找到北方的办法。"（第239页）于是，孩子根据树林阴影投射的方向首先找到了北方，然后找到了与北方相反的南方，在最后判断出他家的方位时，不由得"高兴得叫起来：'天文学有时候也真有点用处呀'"（第240页）。

> 你要知道，即使他没有说最后这句话，他也会在心中想这句话的……他是一辈子也不会忘记今天这个教训的……（第240页）

这个故事告诉我们：

> 为了培养他的好奇心，就不能那么急急忙忙地去满足他的好奇心。你提出一些他能理解的问题，让他自己去解答。要做到：他所知道的东西，不是由于你的告诉而是由于他自己的理解。不要教他这样那样的学问，而要由他自己去发现那些学问。你一旦在他心中用权威代替了理智，他就不再运用他的理智，他将为别人的见解所左右。（第217页）

须要着重指出的是，对于孩子的好奇心，应当加以很好的引导，才能使之成为他寻求知识的动力。在目前这个阶段，我们要着重引导他"除了有用的东西以外，其他一切都不学习"（第235

页)。而且,学习的内容,不能由老师告诉学生,而要由学生自己决定希望学什么东西和研究什么东西,老师只是设法使他了解那些东西,使他产生学习的愿望,并向他提供满足他的愿望的办法。采取这种消极的教育方式教导学生,将使他对学习有用的事物产生更浓厚的兴趣。

3 判断力的培养

把第3卷中的爱弥儿和第2卷中的爱弥儿加以比较,我们发现:"我们的学生起初是只有感觉,而现在则有了观念了;起初是只用感觉去感触,而现在能进行判断了。"(第275页)

这个进步是非常大的,因为,"只要我们把一种感觉和另一种感觉加以比较,我们就是在进行推理了。判断的艺术和推理的艺术完全是一回事情"(第281—282页)。

现在,爱弥儿已经从运用感觉过渡到运用理智,或者说得更确切一点,他已经从运用个别的感觉过渡到运用复杂的感觉。"从连续发生的或同时发生的几种感觉的比较中,以及对这些感觉所作的判断中,可以产生一种混合的或复合的感觉,我把这种感觉称为观念。"(第275—276页)

> 简单的观念只是由感觉的互相比较而产生的。在简单的感觉以及在复合的感觉(我称它为简单的观念)中,是包含着判断的。从感觉中产生的判断完全是被动的,它只能断定我们所感触的东西给予我们的感觉。从知觉或观念中产生的

判断是主动的，它要进行综合和比较，它要断定感官所不能断定的关系。全部的差别就在这里。(第276页)

作为感觉论者，卢梭认为：感觉本身是不会出错的，而出现错误的，是我们的判断。

为了证明这一点，卢梭讲了一个故事："我有一次在吃饭的时候看见一个人把一块冰过的奶酪拿给一个8岁的男孩子，他不知道那是什么东西，他把勺子拿到嘴里，他突然地冷了一下，就叫喊起来：'啊！真烫人！'他经历了一下很猛烈的感觉，而就他所知，最猛烈的东西无过于火，因此他就以为他被火烧烫了。……使他发生错误的不是感觉，而是他对感觉所作的判断。"(第276—277页)

"为了纠正或防止错误，他就需要有经验。"(第277页)不过，在用经验去纠正或防止错误方面，在这个阶段采用的方式和前一个阶段（第2卷）有所不同。以视觉和触觉为例，在前一个阶段，只需"常常把视觉同触觉加以比较，才能使它熟练于观察形状和距离之间的正确关系"(第178页)就可以了；而现在却复杂得多，因为同一个感觉从不同的角度得到的印象就有所不同，因此，要把不同的印象之间的差别联系起来，才能做出正确的判断。他举了一个例子，"孩子在第一次看见有一半截淹在水中的棍子时，他以为他看见的是一根折断了的棍子"(第277页)。孩子的感觉是真实的，但他的判断是错误的。为了纠正他的错误，证明水中的那根棍子不是折断的，老师很耐心，没有马上把棍子从水中取出来让孩子看，也没有让他把手伸进水中去摸，而是采用变换视角的办法一步一步地纠正他的错误。他采取了如下四个步骤：

（1）我们首先绕着棍子转……
（2）我们从露出水外的那段棍子的末端笔直地往下看……
（3）我们搅动水面……
（4）我们把水放走，这时候我们看棍子随着水位的降落又慢慢地直起来了。这样一来，岂不是把这件事情和光线折射的道理解释得很清楚了吗？（第281页）

通过类似的例子，卢梭告诉我们：

（必须让孩子）学会使每一种感官不需要另一种感官的帮助而自行验证它所获得的印象，这样，每一种感觉对我们来说就能变成一个观念，而这个观念和实际的情况往往是符合的。在这人生的第三个阶段中，我想得到的收获就是如此。（第279页）

4 "我对书是很憎恨的"

卢梭说他"对书是很憎恨的，因为它只能教我们谈论我们实际上不知道的东西"（第244页）。

这句话说得很直率。我们能不能因为他这句话就认为他是一个不爱读书的人呢？显然不能。

卢梭对书的"憎恨",是憎恨书中的谎言和违反真理的谬论;他憎恨的,是书中言不及义的陈词滥调和空空洞洞的官样文章。

他在《爱弥儿》第4卷中有一大段文字描写那位萨瓦省的牧师在读了那么多书之后,依然十分困惑,找不到真正传达天国声音的宗教,因此,他提醒人们:

> 再没有什么东西比书籍更欺骗人的了……如果你想根据博絮埃①的著作去了解天主教的信念,那么,你在我们当中生活一段时间之后,你就会发现你这种想法是大错而特错的。……为了要正确地判断一种宗教,便不应当去研究那个宗教的教徒所写的著作,而应当到他们当中去实地了解……(第437—438页)

"我对书是憎恨的,因为它只能教我们谈论我们实际上不知道的东西。有人说,赫米斯把科学的原理刻在石柱上,以便使他的发现不致被洪水冲掉。如果他把它们深深地印在人的头脑里,它们就可以一代一代地保存下来。经过训练的大脑,是最安全的铭刻人类知识的石碑。"(第244页)

---

① 博絮埃(1627—1704),法国天主教神学家,君权神授说的鼓吹者。

读过《忏悔录》的人都知道，卢梭从来没有上过学，连一天正规的学校教育都没有接受过；他是一个自学成才的典型。他说他自幼就养成了爱读书的习惯；他在《忏悔录》中曾回忆他童年时和父亲一起读书的情形。他说他开始的时候是和父亲一起读他母亲留下的故事书，而且不久就对读书产生了浓厚的兴趣，以致父子两人往往"通宵达旦，轮流朗读，不把一本书读完，就不掩卷休息"[①]。

卢梭不仅爱读书，而且善于读书，把专心读书当做一项有益身体健康的乐事。他在《忏悔录》第6卷中讲了一段故事，叙述他青年时期如何从阅读一本简易读物开始，找到了钻研学问的门径：

> 我买到了一本拉米神甫写的《关于科学问题的谈话》[②]。这是一本讨论科学问题的入门书；我读了一遍又一遍，反复读了一百遍，并最后决定把这本书作为我的读书指南。虽然我当时身体不好……但我感到有一种不可抗拒的力量把我逐渐引入研究学问的大门。……有些人说这样拼命读书对我有害，但我却认为这对我有益：不仅有益于我的心灵，而且有益于我的身体，因为这样用功读书使我感到如此的愉快，以致使

---

① 《忏悔录》，上册，第10页。
② 拉米神甫的《关于科学问题的谈话》是一本主要讨论科学与宗教的关系的书。作者在书的序言中说："如果不把科学研究和神的荣耀、神的圣化和对他人的服务联系起来，则科学研究便是毫无意义的。"这本著作的笛卡尔主义色彩甚浓，对青年卢梭的宗教和哲学思想的形成，有很大的影响。

我因读书而没有时间去琢磨我的病，我对疾病感到的痛苦反而少多了。①

卢梭阅读的范围甚广。他青年时期写过一首诗，题为《华伦男爵夫人的果园》②，他在诗中列举了他研究过的著述家有30余人之多。我们可以这样说：在他同时代的思想家中，像他这样读过那么多书的人是不多的。

他书读得多，但他并不"滥读书"；他说：

> 滥读书的结果是有害于科学的研究的。当一个人自以为他已经晓得了他在书本中读到的东西时，他就以为他可以不去研究它了。读书读得太多，反而会造成一些自以为是的无知的人。（第690页）

因此，他提醒人们："要做各种各样的研究，就应当实地去观察而不应当仅仅是念书本。"（第691页）

现在，让我们放下卢梭如何读书的故事，回过头来谈爱弥儿。也许有人会问："既然爱弥儿的老师是一个爱读书的人，那么，请问他是怎样教他的学生读书的呢？"对于这个问题，我们只能这样回答：到目前为止，他还没有教他的学生读过书。读者想必还记得，我们在第2章里曾经说过，卢梭是不赞成拿拉·封登写的

---

① 《忏悔录》，上册，第360页。
② 《华伦男爵夫人的果园》，见《卢梭全集》，卷2，第1124—1129页。

寓言来教孩子的。连朗朗上口、最有趣的诗体寓言故事，卢梭都不赞成孩子们读，其他的书就更不让孩子们读了。这样说来，卢梭是不是永远不让爱弥儿读书呢？不；要让他读。让他读什么书？是让他读亚里士多德的名著，还是读普林尼①的著作或毕丰②的书？都不是；卢梭让爱弥儿读的，是一个名叫丹尼尔·笛福的英国人写的《鲁滨逊漂流记》。他说，"我的爱弥儿最早读的就是这本书；在很长的一个时期里，他的图书馆里就只有这样一本书"（第244页）。

5　他为什么让爱弥儿读《鲁滨逊漂流记》

人们很想知道卢梭为什么让他的学生爱弥儿读《鲁滨逊漂流记》。卢梭说，是因为这本书"在我们现在所谈的这个时期中，它可以同时作为爱弥儿消遣和教育的读物"（第245页）。

"我们现在所谈的这个时期"是什么时期？我们现在是处在童年的第三个阶段，是"接近少年了，不过还没有到春情发动的时期"（第212页）。

孩子在这个时期的特点是：他的"体力除满足他所有的需要以外，还绰绰有余"（第212页）。

---

① 普林尼，指小普林尼（公元61—114），拉丁作家。他的《书信集》对他那个时代的罗马社会的状况描述甚详，受到人们的广泛传诵。
② 毕丰（1707—1788），法国博物学家，著有一部30卷的《博物学》，这位科学家的文章，笔调十分自然。1764年，卢梭在写给友人的一封信中说："毕丰是本世纪文章写得最出色的人……我觉得，我的思想和文笔都受到了他巨大的影响。"（李平沤选编：《法国散文精选》，北岳文艺出版社1999年版，第143页）

他将怎样利用他所有这些在目前看来是过多而将来长到更大的年岁时就不会是过多的天资和体力呢？他将在必要的时候尽量把它们用到有益于他本身的事情上……为了要真正占有他所取得的东西，就要把它们放在他的手里和头脑里，放在他自己的身体里。所以说现在是到了工作、教育和学习的时期了……（第214页）

鲁滨逊在荒岛上
"有一本书在我看来对自然教育是论述得最精彩的。我的爱弥儿最早读的就是这本书。"——《鲁滨逊漂流记》（第244页）

在这个时期，老师希望他的学生把剩余的精力用于工作；他让他的学生读《鲁滨逊漂流记》，要他像鲁滨逊那样"忙得不可开交；希望他兢兢业业地管理他的楼阁、他的羊群和种植的作物，希望他不是从书本上而是从具体的事物上仔仔细细地研究在同样的情况下应当怎么办，希望他认为他就是鲁滨逊[①]……希望他在缺少这样或那样的时

---

① 卢梭童年时读普鲁塔克的《名人传》读入了迷，每读到一位英雄人物的传记，就想成为传记中的那种英雄。他说："罗马和雅典的情形一直萦怀在我的心里，可以说我是和它们的伟大人物生活在一起的，何况我本人生来就是一个共和国的公民，我的父亲对祖国抱有深厚的爱心，所以我决心要学他的榜样，爱我的祖国，把我自己看成是希腊人或罗马人：我要成为我所阅读的书中的那种人物。"（《忏悔录》，上册，第11页）从这段叙述可以看出，卢梭在这里是现身说法，以他童年时的事例来教育爱弥儿，让爱弥儿读《鲁滨逊漂流记》时把自己看作鲁滨逊。

候，很着急地在那里想解决的办法；希望他研究一下小说中的主人公是怎样做的，看一看那位主人公有没有什么疏忽的地方，有哪些事情可以做得更好；希望他留心他的错误，以免在同样的情况下他自己也犯那样的错误，因为，你必须要知道的是，他正在计划怎样修造一个相似的房屋，这是他那样快乐的年龄的人的真正的空中楼阁，他这时候所理解的幸福就是有必需的物品和自由"（第245页）。

讲完了这段话，卢梭紧接着告诉我们："一个心有妙计的人如果为了利用这种狂想而能设法使孩子产生这种狂想的话，他就可以增添多么多的办法去教育孩子啊！孩子巴不得找一个能放各种物品的地方作为他的荒岛，因此，他想学习的心，比老师想教他的心还切。"（第245—246页）

不过，卢梭这时候及时提醒人们：

> 你要极其小心的是，不能使你的学生接触到社会关系的一切概念，因为这不是他的智力所能理解的；但是，当知识的锁链使你不能不向他讲到人类的互相依赖时，你就不要从道德方面向他讲解，而必须首先使他的注意力放在使人和人都互相有用的工业和机械技术上。当你带着他从这个工场走到那个工场的时候，就不能让他看见什么工作都袖手旁观……你就要亲自动手去工作，处处给他做一个模范：为了使他成为师傅，你就要到处都做徒弟；你要知道，他从一小时工作中学到的东西，比听你讲一整天学到的东西还多。（第246—247页）

短短这几句话,岂不是把老师身教重于言教和学生从实践中学习的道理讲得很清楚了吗?

6　一桌盛宴引发的思考

我们在上一节曾提到卢梭不赞成在这个时期向学生的头脑里灌输各种各样有关社会关系的概念,因为这不是他的智力所能理解的,然而,爱弥儿毕竟不是鲁滨逊,他不是生活在荒岛而是生活在我们的社会里,要他不在社会的影响下产生各种各样社会关系的概念,是不可能的。因此,如何让孩子接触社会而又不受社会环境的影响,不让恶劣的社会风气败坏他的天性,这是老师在这个时期最艰巨的任务之一。他提醒老师要处处注意自己的一言一行,以自己的高尚风范教育学生。他说:

> 如果他们看见你走进一家珠宝商人的店铺比走进一家锁匠的店铺更显得有礼貌……如果他们到处都发现任意抬高的价格和按实际用途而定的价格是很不调和,如果他们发现愈是值钱的东西愈没有价值,他们对技术的真正价值和东西的真实价格将抱怎样的看法呢?你一旦让这些观念进入了他们的头脑,对他们以后的教育就用不着再进行下去了,因为,不管你怎样努力,他们都将变得同一般人一个样子;你十四年的辛劳完全都付诸流水。(第247—248页)

须要指出的是,卢梭虽不赞成向学生灌输各种社会关系的概

念,但他并不排斥在适当的时候和适当的场合用适合学生年龄的办法,使学生动脑筋思考他所接触的人和事。他举了一个例子:

> 我们到一个富翁家里去吃饭,我们去时发现一个盛大的宴会已经准备得十分整齐,有很多客人,有很多仆人,有很多的菜,有一套精致漂亮的餐具。……我先就想到所有这一切对我的这个学生的影响。当宴会正在进行的时候,当菜一道接一道地端上来的时候,当满桌的人都在那里呱啦呱啦地谈个不休的时候,我俯身到他的耳朵边对他说:"你估计一下,你在桌上所看到的这些东西在端上来以前经过了多少人的手?"这短短的一句话在他的头脑中引起了多少想法啊!心旷神怡的闲情马上就为之烟消云散。他沉思,他默想,他计算,他感到不安。当那些哲学家被美酒或身旁的女人弄得迷迷糊糊,像小娃子似的在那里大说其昏话的时候,这个孩子却一个人在那里用哲学的态度细心思考。他问我,我拒绝回答,我告诉他改天再说;他着急,他忘记了吃也忘记了喝;他巴不得离开桌子向我问个痛快。他的好奇心多么想知道这回事情啊!这一席话用来教育他是多么好听啊!……
>
> 你要仔细观察他考虑了所有这些问题以后在自己的心中悄悄得出的结论。如果你不像我所讲的那样加以防备,他也许会抱另外的想法的,也许在看见那样多的人为了准备他的午餐而劳碌奔走的时候,他会把自己看作是世界上的一个要人。如果你事先预料到他要作这样的理解的话,你在他还没有这种思想以前,就可以很容易地防止他产生这种想法,或

者,至少可以立刻消除他获得的印象。(第254—255页)

为了使爱弥儿在不知不觉中获得正确的社会关系的概念;卢梭在书中举了很多的例子:从鲁滨逊自己制作他所使用的工具开始,谈到了劳动的分工、商品的交换和货币的产生,谈到了冶金和农业技术的发明,谈到了人与人之间的不平等这一现象的起因,谈到了所有这些涉及政治经济学和社会学的问题,"我们这样做,就可以使一个孩子在没有真正地成为社会的一个活动的成员以前,在他的心中逐渐地形成社会关系的概念"(第259页)。

经过这一系列耐心的和持续的工作,以及反复地举例论证以后,卢梭认为:

> 如果到现在为止;我已经使人们懂得了我的意思,那大家就可以想象得出我是怎样在使我的学生养成锻炼身体和手工劳动的习惯的同时,在不知不觉中还培养了他爱反复思考的性情,从而能够消除他由于漠视别人所说的话和因自己的情绪的宁静而产生的无所用心的样子。他必须像农民那样劳动,像哲学家那样思想,才不至于像蒙昧人那样无所事事地过日子。教育的最大的秘诀是:使身体锻炼和思想锻炼互相调剂。(第274页)

四、我们所施行的教育到这个时期才开始

《爱弥儿》第4卷一开始,便预示一场暴风雨即将来临:一种生理上和心理上的巨大变化已经在这个15岁的孩子身上显露端倪。因此,卢梭及时提醒我们:"如果一个女人把她的手放在他的手上就使他战栗,如果他一靠近她就感到惶恐或羞怯,尤里西斯,啊,聪明的尤里西斯,你自己要当心啊!你那样仔细地系得牢牢实实的皮囊现在又打开了,狂风又怒吼起来了,别再放松你的舵柄了,否则一切都完了。"(第287页)

卢梭认为:"我们可以说是诞生过两次:一次是为了存在,另一次是为了生活;一次是为了做人,另一次是为了做一个男子。"(第286页)上面所描述的情况,就是他所说的第二次诞生,"到了这个时候人才真正地开始生活[①],人间的事物才没有一样在他看

---

① 卢梭在《爱弥儿》中用来支持他的论点的事例,有许多都取自他自身的经历。我们从他后来撰写的《一个孤独的散步者的梦》中就可看出,此处的这段叙述就是如此。他在文中所说的"第二次诞生"指的就是他和华伦夫人当年邂逅的往事。他和华伦夫人第一次见面,是在1728年4月12日。这时卢梭还差3个月就满16岁。他说:"这第一次相见的刹那之间,竟决定了我的一生……那时,

来是稀奇的。在此以前,我们所关心的完全是孩子的游戏,只有到现在我们对他的关心照料才具有真正的重要意义。一般人所施行的教育,到了这个时期就结束了,而我们所施行的教育,到这个时期才开始哩"(第288页)。

只要我们稍加回顾,便可看出卢梭的这段话是说得不错的,因为在前三卷,爱弥儿所受的教育是自然的教育和事物的教育,而老师对他的教育纯粹是"消极的教育",是为他后来接受"人的教育"做准备;在爱弥儿具有理智以后才开始对他进行人的教育,这完全是按照"自然的进程"进行的。

1 一个重大的抉择

我们对爱弥儿的教育工作一开始,便需要针对他现在的情况,在一个至关重要的问题上做出抉择。

爱弥儿现在的情况怎样呢?他现在的情况是:他的春情已动,爱慕异性的欲念已经发生。我们对他的欲念要不要加以遏制呢?卢梭说:不,不应当遏制,因为"我们的欲念是我们保持生存的主要工具,因此,要想消灭它们的话,实在是一种既徒劳又可笑的行为……所有那些想阻止欲念的发生的人,和企图从根

(接上页)我的各部分器官尚未使我的心灵中的最宝贵的才能得到充实,我的心灵尚未定型,它焦急地等待着使它定型的时刻早日到来……我无时无刻不怀着快乐和温暖的心情回忆,我这一生中只有在这短短的日子里,才不仅活得充实而无杂念,无牵无挂,能够真正说得上是在享受人生。"(《卢梭散文选》,第127—128页)

铲除欲念的人差不多是一样的愚蠢"（第288页）。对于爱慕异性的情欲的增长，不可采取遏制的办法，而只能延缓它的作用的发生。

采取什么办法延缓呢？像冬烘先生那样说教，板着面孔向他讲一番大道理吗？不，用这个办法不行，因为他现在已"几乎成了一个不守规矩的孩子了。他对我向他说的话以前是乖乖地服从的，而现在则充耳不闻了；他成了一头发狂的狮子，他不相信他的向导，他再也不愿意受人的管束了"（第287页）。所以"现在是到了改变方法的时候了"（第297页），必须另辟蹊径，转移他的心思，让他转过目光去观察和研究他周围的人。让他怎样去研究他周围的人呢？卢梭告诉我们：

（让他）在研究他们的时候要具有巨大的兴趣，在判断他们的时候要十分的公正，在设想人类的种种欲念时要具有一颗相当敏感的心，而且这颗心还要相当冷静，不受那些欲念的刺激。如果说在一生当中有一个适合于做这种研究的时期的话，那就是我替爱弥儿选择的这个时期：过早了，他对世人是非常的陌生；再晚一些，他也许又同他们是一个样子。（第342页）

2 我们即将进入社会的大门

由于情欲的冲动，一个男人感到他需要一个女人。这是人的本能的需要；正是这种需要，使人类最古老而又唯一自然的社会形态——家庭①得以诞生。然而，幸福的家庭又必须通过婚姻关系才能巩固。《爱弥儿》第4卷的开头部分（第286—386页）主要就是论证大自然是如何使人从本能的需要转变到爱情的结合的，论证人是如何从孤独的个人生活状态过渡到合群的社会生活状态的。

友谊和怜悯心

我们在上一节中谈到，爱弥儿爱慕异性之心已经萌生，不过，在他目前刚刚迈出观察人的第一步的时候，活跃在他心中的第一种感情不是情爱，而是对人的友谊："经过细心培养的青年人易于感受的第一种情感，不是爱情而是友谊。他日益成长的想象力首先使他想到他有一些同类，人类对他的影响早于性对他的影响。"（第301页）卢梭认为，我们应当充分利用青年人日益强烈的感情在他心中播下博爱的种子。"按照自然秩序第一个触动人心的相对的情感"是怜悯心（第305页），它是我们在青年人心中要着重培养的第一颗博爱的种子。

大自然为什么希望人对人有怜悯心呢？这是因为人有合群的天性。孩子长大成人之后是要与人交往，过社会生活的，因此，我们要使青年人的心中产生"善良、博爱、怜悯、仁慈以及所有一切自然而然使人感到喜悦的温柔动人的情感，并防止他产生妒忌、贪婪、仇恨以及所有一切有毒害的欲念"（第306页）。在这里，卢梭归纳了三个按照感情的自然发展倾向去引导青年的原理。

---

① 家庭是小型的社会，是"一切社会之中最古老的而又唯一自然的社会"（《社会契约论》，卷1，第9页）。

原理一:"人在心中设身处地想到的,不是那些比我们更幸福的人,而只是那些比我们更可同情的人"(第306页);原理二:"在他人的痛苦中,我们所同情的只是我们认为我们也难免要遭遇的那些痛苦"(第307页)。这两个原理的意思归纳起来就是:对他人的痛苦要感同身受,才能对他人产生同情心,向他人伸出援助之手。原理三:"我们对他人痛苦的同情程度,不决定于痛苦的数量,而决定于我们为那个遭受痛苦的人所设想的感觉"(第309页)。这个原理包含着一个对他人痛苦的性质进行判断的问题。要对他人遭受的痛苦的原因和将要产生的后果做出判断,然后才能决定我们对他表示同情的程度和给予多大的帮助。对人的同情心应当是理性的,而不是盲目的和无原则的。卢梭对富人的痛苦就不同情,认为富人的痛苦是由于他滥用了他的财富,"他的痛苦都是他自己造成的……然而穷人的痛苦则是来之于环境,来之于压在他身上的严酷的命运"(第310页),因此,我们应当对穷人表示极大的同情,帮助他们摆脱痛苦,走出困境。

论述了第一个相对的情感——怜悯心——之后,卢梭又回过头来谈他所采用的方法。

他采用的方法有什么变化吗?没有。他采用的方法依然是针对爱弥儿暗暗骚动的情欲加以正确的引导,依然是我们在第一节中所说的"延缓它的作用的发生"。他说:

> 当年轻人快要达到懂事的年龄时,我们就只能够让他们看到一些可以克制而不刺激其欲念的情景,就应当拿一些不仅不刺激他们的感官,而且还能遏制他们想象力的活动的事

物给他们看，以便把他们日益成长的想象力从那些刺激欲念的事情上加以转移。必须使他们远离大城市……把他们又带回到他们最初住的地方，在那里，乡村的朴素生活将使他们那个年龄的欲念不至于那样迅速地发展……（第319页）

在成功地延缓了他的情欲作用的发生和培养了他对人的友谊和怜悯心之后，现在，"我们终于进入了道德的境界"（第326页），以成人的步伐走向社会。

现在到讲历史的时候了

在进入社会的大门以前，我们是通过人的天性（人的心）去观察社会的，而现在，我们要把观察的方法颠倒过来，我们要通过社会去观察和研究人。

"必须通过人去研究社会，通过社会去研究人；企图把政治和道德分开来研究的人，结果是这两种东西一样也弄不明白的。我们首先着重研究原始的关系，我们就可以发现人是怎样受这些关系的影响的，就可以发现哪些欲念是从这些关系中产生的"（第327页），因此，"我们这时候教育年轻人，所采取的方法就要同我们从前所采取的方法完全相反，就要多用别人的经验而少用他自己的经验"（第328—329页）。"现在是到了讲历史的时候了……通过历史，他就能作为一个普通的观众，不带任何偏见和情绪，以裁判人而不以同谋和控诉人的身份对他们进行判断。"（第330页）

卢梭追溯了远古时候的历史，正如他在1755年发表的《论人与人之间不平等的起因和基础》这篇论文中所描述的，人在自然状态下是平等的,过着没有人压迫人的自由自在的生活,而在"人类社会中存在的权利平等是虚假的,因为用来保持这种平等的手段,其本身就是在摧毁这种平等……多数人总是为少数人做牺牲,公众的利益总是为个人的利益做牺牲……口口声声说是服务他人的上层阶级,实际上是在损他人而利自己"(第328页),历史上的许多不公正和不正义的事情以及残害生灵的暴行,就是由此而产生的。

卢梭告诉我们:"历史中所记述的那些事情,并不是怎样经过就怎样准确地描写的,它们在历史学家的头脑中变了样子,它们被按照他们的兴趣塑成了一定的形式,它们染上了他们的偏见的色彩。"(第331页)因此我们在读史的时候,不能不加以鉴别和选择。

卢梭不喜欢一边叙事一边又加上自己的评语的历史学家。他大声疾呼:"事实!事实!让青年人自己去判断好了;要这样,他才可以学会了解人类。如果老是拿作者的判断去指导他,则他只能通过别人的眼睛去看问题,一旦没有这些眼睛,他就什么也看不见了。"(第333页)

他向青年人推荐了三位古代的历史学家。一位是修昔底德[①]。他认为修昔底德"是历史学家当中的一个真正的模范。他叙述史事而不加他的评语,然而他也没有漏掉任何一个有助于我们自己去评判历史的情景"(第333页)。另一位是希罗多德[②]。卢梭认为希罗多德的长处是"不刻画人物,不讲教条,但其文笔很流畅和

[①] 修昔底德(前460—前395),古希腊史学家,《伯罗奔尼撒战争史》的作者。
[②] 希罗多德(前484—前420),古希腊史学家,著有《历史》(共9卷)。

天真，书中充满了趣味盎然、使人喜欢阅读的情节"（第334页），不过，必须有鉴赏的能力才能读他的书。第三位是普鲁塔克①。卢梭认为普鲁塔克的过人之处是"敢描写我们不敢描写的细微情节……在细小的事情上描述伟大的人物……往往用一句话或一个笑容或一个手势，就足以表达其主人公的特殊性格"。例如描写"恺撒②在经过一个偏僻的村庄，同他的朋友谈话的时候，无意中竟暴露他这个曾经说只想同庞培③地位平等的人原来是心怀叵测的奸雄"，普鲁塔克只用了短短一句不到30个字的话便把他的野心和盘托出。④

卢梭告诉人们：历史上有许多不可一世的人物，尽管做了一番轰轰烈烈的大事业，但他们建功立业的出发点，不是为了人民的利益，而是为了满足他们的野心和虚荣心。这两种欲念的过分膨胀，必将败坏人的天性，最后导致可悲的命运。他以皮鲁士⑤和

---

① 普鲁塔克（约50—125），古希腊史学家和伦理学家，著述甚多，但留传后世的，只有一部《名人传》和一本随笔式的《道德篇》。
② 恺撒（前100—前44），古罗马军事家和政治家。公元前60年，与庞培和克拉苏组成三头联盟，为三执政官之一；公元前49年，率军驱走庞培，独占罗马，集执政官和保民官大权于一身，实行独裁统治。
③ 庞培（约前106—前48），古罗马军事家和政治家。公元前60年，与恺撒和克拉苏组成三头联盟，为三执政官中第一执政官。克拉苏死后，他独揽大权，但不久便被恺撒击败，逃往埃及，自杀身亡。
④ 当恺撒率领大军翻越阿尔卑斯山，经过山中的一个只有十几户人家的小村庄时，他身边的一位亲信问他：像这样的穷山村，有没有人耍阴谋、搞诡计？恺撒说："这，我不知道，不过，就我来说，我宁可在这个山村当头头，而不愿意在罗马当副手。"这短短一句话充分暴露了他"宁为鸡头，不为凤尾"，想当一把手，独掌大权的野心。
⑤ 皮鲁士（前318—前272），埃皮鲁斯国王（前295—前272在位）。

奥古斯都①为例，来论证这个可做前车之鉴的历史教训。

皮鲁士想征服全世界，不听西内阿斯的劝告，于公元前280年远征罗马；虽战胜了罗马，但自己的军队伤亡也非常惨重。他贪得无厌，后来又率军在希腊到处攻城略地，烧杀掳掠，最终在公元前272年攻占阿尔果城的时候，被一个老妇人从屋顶上扔下的瓦片击中头部而死。爱弥儿读了皮鲁士的传记之后，不禁要在心中思忖：这样一个大统帅之所以这样马不停蹄地南征北战，难道说就是"为了去寻找那不祥的砖瓦，以可耻的下场结束他的一生"吗？

再看奥古斯都。他"平服了他的臣民和打败了他的对手以后，统治那空前的大帝国达四十年之久，但是巨大的权力"并未能防止"他的周围有各种各样的伤心事在继续不断地发生……眼见自己的亲族遭遇羞辱和死亡的时候，只能哭泣而不能有所作为，即使他战胜了所有的敌人，那空幻的功业对他又有什么用处呢"（第339页）。

卢梭的这一大段关于如何阅读史书的文字，有时候像教育论文，有时候又像是在对青年人进行道德训诲；有时候措辞十分严谨，有时候又像漫话古今似的非常轻松，读起来句句引人入胜。然而，正当我们读得津津有味的时候，他突然告诉我们：这些教训对爱弥儿来说"是很不适宜的，而在需要的时候，也许又会觉得它们既不及时也不够用；不过，你要知道，我想从阅读历史中

---

① 奥古斯都（前63—公元14），即罗马皇帝屋大维，原为三执政官之一，公元前31年击败安东尼以后，集政教大权于一身，改称奥古斯都。

得出来的并不是这样一些教训。在开始读历史的时候，我就抱有另外一个目的"（第340—341页）。

他抱的是什么目的呢？他的目的是让青年人懂得如何认识自己，知道自己在人类社会中占据怎样的地位；只有按照自己的地位生活，才能保持自己原本的天性，不至于在阅读历史的时候，拿自己同书中的那些人相比，悔恨自己不是书中描写的那种人。他说：

> 但就爱弥儿来说，万一他也这样把自己同别人加以比较，喜欢做那样一个人而不愿意做他自己这样的人的话，即使说他想做一个苏格拉底[①]，想做一个卡托[②]，我认为我对他的教育也是全盘失败的。（第341页）

现在到学寓言的时候了

卢梭不赞成用拉·封登写的寓言故事来教育处于"人生第二个时期"的孩子。现在，爱弥儿已经告别了童年，进入青年时期。就一个刚踏进社会门槛的青年人来说，他的理智虽已开始活跃，但他的观察力和判断力毕竟尚不成熟，因此，在这个时期，他对事物的看法和为人处世的方法难免不出错误。卢梭认为："犯错误的时候，正是可以用来讲寓言的时候。我们借寓言这种奇异的形式去谴责犯罪的人，就既能教育他而又不冒犯他；他把寓言所讲的真理

[①] 苏格拉底（前470—前399），古希腊哲学家。
[②] 卡托，指小卡托（前95—前46），古罗马政治家，站在元老院一边，反对恺撒的独裁专制，公元前46年，被恺撒击败，自杀身亡。

用来看自己，于是才明白它所讲的话果然不虚。"（第348页）

青年人容易犯错误，而施教者对他则应十分耐心和谨慎。"在他未犯错误以前，就应当向他指出他的错处；而在他既犯以后，就决不要去责备他"（第347—348页），更不应当对他说"我早就告诉过你了"。不仅不可使他感到难堪，相反，还要用好言好语把他因为没有听你的话而感到的羞愧遮盖过去。

在用寓言故事去匡正学生的过失方面，卢梭提出了两个主张。这两个主张，一个是阅读拉·封登的书中的"寓言的次序，应当充分地符合教学法的原理，充分地符合青年人的智慧和感情的发展进度"，而不可"死板板地按书中的次序去读"（第350页）。他的第二个主张是：把每篇寓言故事结尾部分提示的"寓意"通通删掉，一个寓言故事想说明什么问题，想传达什么寓意，最好让读者自己动脑筋去体会，老师切不可像讲经书似的宣讲一番，以致使学生失去了动脑筋思考的乐趣。如果人们认为非要用寓言故事末尾提示的寓意来解释它的含义学生才懂的话，卢梭说：他敢断定，"即使这样地解释一番，他也是不会懂得的"（第350页）。

3　一个萨瓦省的牧师的信仰自白

也许有人会问：在爱弥儿跨入社会的大门之后，老师花许多力气引导他研究和关心他周围的人，并教导他如何学历史和寓言，这固然很重要，但18世纪的法国是一个信奉天主教的国家，他为什么直到现在还没有向他的学生宣讲信仰宗教的道理，以至于爱弥儿到现在对上帝还一无所知呢？"有许多读者会觉得奇怪，因为他们看见我从我的学生的童年时候起就一直跟随着他，但一点没有向他讲过宗教。"（第364页）对于这一点，卢梭认为向那些没有能力理解真理的人宣讲真理，等于是散布谬误。他宁可让他的学生"对上帝一点观念都没有，而不可对上帝产生鄙俗的、荒诞的、侮辱的和不尊敬的观念：不知道上帝的存在，总不如亵渎上帝的害处大"（第366页）。卢梭反对用《教理问答》课本之类的书来教学生，因为这样做，只能把孩子训练成一个学舌的鹦鹉。

是的，在18世纪的法国，宗教问题是一个大问题，无论男女老幼、贫富贵贱都要遇到：一个孩子生下来，要由牧师给他施洗礼；一个人死了，必须由牧师给他念诵经文才能入土安葬。因此，在孩子的教育方面，要想回避宗教问题，是不可能的。这一点，卢梭非常清楚。因此，他不但不回避，反而大谈特谈，用长达80余页的篇幅撰写了一篇《一个萨瓦省的牧师的信仰自白》[①]（以下简称《信仰自白》），借牧师之口全面论述这个问题。首先以他自身的经历为材料，在牧师的自白前面写了一大段文字叙述一个年轻人在宗教问题上迷途知返的故事，然后以在都灵和他谈论道德问题的格姆神甫和安纳西神学院的老师嘉迪耶神甫为原型塑造了这位牧师。在一个夏天的早晨到俯览波河的一个小山上，面对旭日照耀的原野，从人对客观世界的感觉，讲到物质和运动的原理，以及上帝和宗教的真谛，并最后归结到：只有自然宗教才是真正值得信奉的宗教。

---

① 见《爱弥儿》下卷，第377—457页。

《信仰自白》内容摘要

我的孩子，别指望我给你讲什么渊博的学问或艰深的道理。我不是一个大哲学家，而且也不想做大哲学家。但是我多少有些常识，而且始终爱真理。我不想同你争论，更不打算说服你，我只向你把我心中的朴朴实实的思想陈述出来就行了。你一边听我谈话，一边也问问你自己的心，我要求于你的，就是这一点。（第377页）

上面这段话，是《信仰自白》的开场白。

这篇长长的自白文字清丽，语调平实，全文共分两个部分：

第一部分阐述自然宗教的要义。（第377—423页）它首先从人对物质的感知和宇宙运动规律的角度论证上帝的存在，（第377—411页）然后讴歌良心的导人于善和灵魂的永存不朽。（第411—423页）

第二部分论证启示宗教的弊端和谬误。（第424—457页）论证的步骤是：首先从理性的角度指出人们没有"相信启示的义务"，然后对耶稣基督的神性和《福音书》中的一些说法提出质疑，（第447—448页）最后告诉人们：各种宗教都是"有益的制度……只要大家在那些宗教中适当地敬拜上帝……都是好宗教"（第449页）。

自然宗教

卢梭的自然宗教思想十分朴实，尽管他认为存在着一个上帝，但他的立论是从理性的认识出发，不带任何神秘色彩。他认为：宇宙中有一个存在于人类之外的有智慧和创造力的意志；它是宇宙万物有规律地运动的第一动因。

卢梭把"这个推动宇宙运动和安排万物的"意志称为上帝。他说他感到上帝就在他的心中；上帝的存在不需要什么奇迹来证明；上帝不要求人们一定以某种礼拜形式敬拜他，他要求的敬拜是心中诚恳的敬拜；上帝是仁慈的和宽容的，如果他有什么话要向人们说，他就亲口对人们说，不需要任何人的中间传达。至于这个上帝的形象如何，卢梭说他无法想象，也不敢想象，因为这是"有辱上帝的事情，不是心中不想他，而是把他想象错了"（第395页）。

他赞美上帝，认为上帝已尽可能完善地把该做的事情全都做了，因此没有理由再向他要求更多的东西："我感谢他和他的赐与；可是我并不对他有所祈求。"（第422—423页）

在判断善恶和人的行为方面，卢梭强调良心的引导作用，"在我们的灵魂深处生来就有一种正义和道德的原则……在判断我们和他人的行为是好或是坏的时候，都要以这个原则为依据，所以我把这个原则称为良心"（第414页）。良心是"圣洁的本能"；有了良心的引导，即使"我们没有渊博的学问也能做人"（第417页）。

值得注意的是，卢梭在陈述这些论点之前，还讲了一大段关于哲学的话（第381—386页），这一大段话的意思和笔调，与笛卡尔十分相似，所以有些人把它称为卢梭的《谈谈方法》或《第

—哲学沉思录》。它的目的，是在论证"我"的存在①，论证我通过我的感官对我身外的客观世界有所感觉，并且能够对它们加以比较和判断。

必须指出，这里的这几个观点虽与笛卡尔相似，但就两个人的哲学思想来说，他们在其他方面还是有分歧的，如对事物的怀疑就是一例：笛卡尔主张普遍怀疑，而卢梭则认为："如果对我们应当知道的事物表示怀疑，对人的心灵是有强烈的戕害的。它不能长久地忍受这种戕害，它在不知不觉中要做出这样或那样的决定，它宁可受到欺骗，而不愿意对什么都不相信。"（第379页）因此他声明："我不打算在这里讨论形而上学，因为它超出了我和你的理解能力……我已经向你说过，我并不是想同你讲什么哲学，而是想帮助你去问问你自己的心。当举世的哲学家都说我错了的时候，只要你觉得我讲得很对，那就再好不过了。"（第415—416页）

启示宗教

人们之所以信奉宗教，是由于对宗教有了理解；先有理解，然后才产生信仰。然而教会的说法则不然，它认为人们之所以信仰宗教，是由于得到了上帝的启示。卢梭不赞同这个观点。他对教会的所谓"启示"提出了批评。他从批驳神的单一性与礼拜形

---

① 在论证"我"的存在方面，卢梭和笛卡尔的表述是相似的：笛卡尔的表述是："'我思故我在'这个真理……我可以毫不怀疑地把它看作是哲学的第一原理。"（笛卡尔：《谈谈方法》，第4部分）卢梭的表述是："我存在着，我有感官，我通过我的感官而有所感受。这就是打动我的心弦使我不能不接受的第一个真理。"（第383页）

式的多样性这一矛盾现象入手，指出，"礼拜形式之所以千奇百怪，正是由于启示的荒唐"（第426页），何况礼拜的形式"纯粹是一个规矩上的问题，根本就用不着什么启示的"（第427页）。

世界上的宗教那么多，如果硬说其中只有一种宗教是真正的，那么，人们就有理由指责上帝是不可原谅的，是"最不公正的、最残忍的暴君"（第428页），因为他没有"使那个宗教具有一些鲜明而确切的标记，以便使人类能够辨别它是唯一的真正的宗教"（第428页）。

卢梭指出：教会用来启示人们的几种方法，它们本身就很荒谬，是不可相信的，例如：

一、用关于神或上帝的著述来启示。卢梭认为这个办法根本行不通，因为我们必须要有渊博的学问和很高的鉴别能力，"才能把真实的和假造的文献加以区分，才能把反驳和答辩的言辞以及译文和原文加以比较"（第430页）。这么高的要求，是芸芸众生和万千信徒做不到的。

二、用奇迹来启示。那就更不对了。因为，所谓"奇迹"，往往是听诸传闻，有多少人曾亲眼见过和体验过？他说："我对上帝是太相信了，所以，要我相信那些同他极不相称的奇迹，是不可能的。"（第431页）

三、强要人们违背理性而盲从教义。这种高压手段不可取。宗教不能带上神秘的色彩；教义应当讲得十分明白和晓畅。判断一个宗教和它的教义是否真实，首先就要看它是否符合这两个基本的要求。为了论证这一点，卢梭编写了一大段"对话"（第434—436页），通过一个"推理的人"和一个"通神意的人"的互相驳难,证明教会之强要人们违背理性而盲信那些不合理的教义,是多么武断和荒谬。现将其中关于神的预言不可相信的几句对话,摘录如下:

通神意的人:"……你对预言有什么看法?"

推理的人:"我认为,首先,正如我没有看见过什么奇迹一样,我也没有听到过什么预言。其次,任何预言都休想叫我听信它。"

通神意的人:"魔鬼的仆人!为什么预言不能叫你相信它?"

推理的人:"因为,要我相信它,它就必须具备三个条件,而这三个条件是不可能配合在一起的。这三个条件是:要使我亲自听到预言;要使我亲自见到事情的经过;要给我证明这件事情绝不是同预言偶然符合的;因为,即使预言比几何学的定理还精确和明白,但是,既然随随便便作出来的一个预言有实现的可能,则它即使实现,严格说来也不能证明那个事情就是作预言的人所预言的。"(第436页)

卢梭把当时欧洲各国信奉的三种主要的宗教(基督教、犹太教和伊斯兰教)做了一个比较,结果发现,各国的政府对不信奉官方所定的宗教的"异端分子"或"异教徒"全都采用残酷的排斥和镇压手段。难道不信奉官方所定的宗教,就应受苦,就该进地狱吗?

很显然,启示宗教不仅在理论上是站不住脚的,而且在实践上是有害的,与人类的社会生活是不相容的,因为:

如果真正的宗教只有一种，如果所有的人都应该信奉这种宗教，否则就注定要遭受苦难的话，那么，大家就需要以毕生的时间把所有一切的宗教都加以深入的研究和比较，就需要游历信奉各种宗教的国家。……无论是以手艺糊口的工匠，还是不识字的农民、羞涩娇弱的少女或几乎连床都不能下的病人，都应该一无例外地

18世纪的法国书店

在18世纪，书商就是出版商，他们冒着被图书审查官刁难和惩罚的危险，自己设店售书，对传播启蒙思想做出了巨大的贡献。

进行研究、思考、辩论和周游天下，这样一来，就再也没有什么人能安然定居了……就再也没有什么人去从事各种手工、艺术、人文科学和社会职业了；除了研究宗教以外，就再也没有什么东西可研究的了。（第444页）

要是真出现了这种情况，那就很不妙了！那时候，大家都去研究宗教，请问：谁去种地？谁去织布？谁去盖房子？没有人种地，粮食从何而来？没有人织布，用什么遮体？没有人盖房子，到哪里去躲避风雨？

卢梭认为：在宗教问题上，他在《信仰自白》中"说的那些话，都是有益于社会的"。然而别人却不这么看。卢梭把《信仰自白》念给哲学家杜克洛听，杜克洛听完后叮嘱卢梭，"千万不要向别人说你念给我听过"。官方的反应尤其强烈：警察把全巴黎各个书店的《爱弥儿》通通没收。不祥的征兆天天都有。啊！让-雅克！你要当心啊：乌云已经聚集，大祸即将临头……

4 《信仰自白》惹祸殃

《爱弥儿》一出版，就遭到许多人的抨击。短短几个月里，批评它的文章就出现了二十几篇之多。从内容上看，它们的矛头对准《爱弥儿》的教育思想少，对准《信仰自白》的宗教思想多。巴黎高等法院之所以当众焚毁《爱弥儿》，并下令逮捕作者，就是这个《信仰自白》招的祸。

那个萨瓦省的牧师说了些什么话？他真的说错了吗？错在哪里？现在让我们对这篇《信仰自白》做一个简要的分析。

牧师在他的《信仰自白》一开头就说他"爱真理"（第377页），然而，真理在哪里？他说他"抱着笛卡尔认为为了追求真理所必须抱有的那种怀疑"（第379页），他明确表明他既不赞成不容异端的教会，也反对无神论的唯物主义哲学家。他说：

> 我是由一个武断一切、不容许任何怀疑的教会养大的，因此，只要否定了一点，就会使我否定其余的一切东西，同时，由于我不能接受那样多荒谬的决断，所以连那些不荒谬的决断我也通通摒弃了。当人们要我完全相信的时候，反而使我什么都不相信……

我请教许多哲学家,我阅读他们的著作,我研究他们的各种看法,我发现他们都是很骄傲、武断、自以为是的……听他们的那一套说法,是不可能解除我的疑惑的。(第379—380页)

既然教会不容许他有任何怀疑,而哲学家的那一套说法又不能解除他的疑惑,那么,到哪里去寻找真理呢?他宛如一个在幽暗的森林里到处彷徨的迷路人,直到最后才发现,最好的办法是"请教内心的光明"(第381页)。

他说:"我存在着,我有感官,我通过我的感官而有所感受。这就是打动我的心弦使我不能不接受的第一个真理。"他接着又说:"我的感觉既能使我感知我的存在,可见它们是在我的身内进行的;不过它们产生的原因是在我的身外,因为不论我接受与否,它们都要影响我,而且,它们的产生或消灭全都不由我做主。这样一来,我就清清楚楚地认识到我身内的感觉和它们产生的原因(即我身外的客体)并不是同一个东西。""因此,不仅存在着我,而且还存在着其他的实体,即我的感觉的对象……"(第383页)这是第二个真理。

不仅如此,牧师还认为他不仅有感觉,而且还能对他的感觉进行判断,把它们加以比较。他说:"我不只是一个消极被动的有感觉的生物,而是一个主动的有智慧的生物……我深深知道真理是存在于事物中而不存在于我对事物进行判断的思想中,我只知道在我对事物所作的判断中,'我'的成分愈少,则我愈是接近真理。"(第386页)这是第三个真理。

他说他现在对自己"已经是深有信心",因此可以开始观察他"身外的事物"(第386页)。

他观察的结果怎样呢?他说,所有一切通过他的"感官发现的东西都是物质"[①],这些物质"时而运动,时而静止;我由此断定无论静止或运动对物质来说都不是非有不可的本质"(第387页),"运动的第一原因不存在于物质内部,物质接受运动和传送运动,然而它不产生运动"(第389页),"没有生命的物体虽在运动,但不是在活动,没有哪一个真正的活动是没有意志的"。因此他说:"我相信,有一个意志在使宇宙运动,使自然具有生命。这是我的第一个定理,或者说我的第一个信条。"(第389页)接着,他又说:宇宙的运动是按一定的规律进行的。"如果运动着的物质给我表明存在着一种意志,那么,按一定法则而运动的物质就表明存在着一种智慧,这是我的第二个信条。"(第391页)根据这两个信条,牧师认为"世界是由一个有力量和有智慧的意志统治着的,我看见它,或者说我感觉到了它"(第394页),"这个有思想和能力的存在,这个能自行活动的存在,这个推动宇宙和安排万物的存在,不管它是谁,我都称它为'上帝'"(第394—395页),而其他一切关于上帝的说法,都是神学的无稽之谈。

在上帝的安排下,大自然是和谐的,然而人类社会却一片混乱,罪恶丛生。究其原因,牧师认为是由于人的存在有两重性,即精神的存在和肉体的即物质的存在。当他听从理智的声音时,

---

[①] "我把我所感觉到的在我身外对我的感官发生作用的东西都称为'物质'。"(第383页)

1774年布柏尔版《爱弥儿》第4卷插图
"大自然之所以这样把它整个的灿烂景象展现在我们眼前,就为的是要我们以它作为我们的话题。"(第376页)

他的行为是主动的,做的都是善行;当他听从他的欲念的摆布时,他的行为是被动的,做的都是恶行。然而人是有思想的,因此他可以在这两者之间做出选择。他说:"我所服从的是我的意志;我之所以成为奴隶,是由于我的罪恶,我之所以自由,是由于我的良心的忏悔;只有在我自甘堕落,最后阻碍了灵魂的声音战胜肉体的本能倾向的时候,我心中才会消失这种自由的感觉。"(第400页)他由此得出结论说:"人在他的行动中是自由的,而且在自由行动中是受到一种无形的实体的刺激的,这是我的第三个信条。"(第401页)他告诫人们:"人啊,别再问是谁作的恶了,作恶的人就是你自己。……只要我们不为非作恶,只要不出自人为,那一切都会好起来的。"(第403页)

说到这里,牧师告诉我们他找到了一个万无一失的指导他的行为的准则,他说,"我想做什么,我只问我自己……良心是最善于替我们决疑解惑的。……良心是灵魂的声音,欲念是肉体的声音。……按良心去做,就等于是服从自然"(第410—411页)。他对良心发出了一段感人至深的颂词:

> 良心呀!良心!你是圣洁的本能,永不消逝的天国的声音。是你在妥妥当当地引导一个虽然是蒙昧无知然而是聪明和自由的人,是你在不差不错地判断善恶,使人形同上帝!是你使人的天性善良和行为合乎道德。没有你,我就感觉不到我身上有优于禽兽的地方;没有你,我就只能按我没有条理的见解和没有准绳的理智可悲地做了一桩错事又做一桩错事。(第417页)

牧师告诉人们：要厉行美德，要崇敬上帝，但不可"对他有所祈求"，"他不是已经给我以良心去爱善，给我以理智去认识善，给我以自由去选择善吗？"（第423页）有了这一切，还有什么额外的东西要向他索取的呢？

人们不难看出，卢梭的这番言论，表面上是在阐述自然宗教，而实际上是在驳斥霍尔巴赫、爱尔维修和狄德罗的无神论和唯物主义哲学。在哲学与宗教两大问题上，他与他的"百科全书派"的朋友们有重大分歧，以致闹得最后彼此分道扬镳。不过，这并不表明他已倒向宗教一边，不表明他是一个"虔诚的"信徒。我们继续往下阅读，便会发现他的话锋已开始转变，一步紧似一步地向宗教发动进攻了。

《信仰自白》第二部分一开头，牧师的话就令人感到不安。他说："我往后要谈到的事情，那就完全不同了；我发现它简直是令人迷惑，神秘难解；我不能不对它感到怀疑和轻蔑。"（第425页）

他对什么事情"感到怀疑和轻蔑"呢？

他说，"我们对上帝的深刻的观念，完全是来自理性的"（第425—426页），然而"有人告诉我说，需要有一种启示来教育世人按上帝喜欢的方式去敬拜上帝"（第426页）。

牧师根本不相信人们对"启示"的解释。他说：

你看一看那自然的景象，听一听那内心的呼声。上帝岂不是把一切都摆在我们的眼前，把一切都告诉了我们的良心，把一切都交给我们去判断了吗？还有什么事情需要由人来告诉我们呢？由人来启示，是一定会贬低上帝的，因为他们将

把人的欲念说成是上帝的欲念。(第426页)

他尤其反对用"各种各样稀奇古怪的礼拜形式"去敬拜上帝。他说,"不能把宗教的仪式和宗教的本身混淆起来。上帝所要求的敬拜,是心中的敬拜,只要这种敬拜是至诚的"(第426页)就可以了。

他不相信教士负有向世人传达上帝旨意的使命;他对教士们自称有这种使命的说法提出质疑。他说他希望听到上帝亲口说出的话,他反对任何人自称是上帝旨意的传达人,他说:"要是上帝不叫我受这些麻烦的话,我敬奉他的心哪里会这样不虔诚呢?"(第429页)"即使尊严的上帝是很谦卑,愿意使一个人成为传达其神圣意志的中介,但是,在尚未使整个人类知道哪个人配做一个中介的时候,就硬要人们听从他的话,是合理的吗?是做得恰当吗?"(第431页)

他对教士们是如此之不恭,他对《圣经》的态度怎样呢?他对《圣经》的态度是:既高度称赞,又毫不留情地指出它的谬误。

他开头说:"《圣经》是那样的庄严,真使我感到惊奇;《福音书》是那样的神圣,简直是说服了我的心。你看哲学家的书尽管是这样的洋洋大观,但同这本书比较起来,就太藐小了!像这样一本既庄严又朴实的书,是人写得出来的吗?"(第446页)

然而,紧接着他又指出:"在《福音书》中还是有许多事情不可相信,还是有许多的事情违背理性,是一切明智的人不能想象和不能接受的。"(第448页)

他前后两段话是不是矛盾的?不,不矛盾;因为他称赞的和接受的，是《圣经》中合乎理性的东西，而他所否定的，是书中违背理性即不符合自然宗教的东西。

最后，他对耶稣基督的态度如何呢？他对耶稣基督的态度是有保留的。他在书中用了一大段文字把耶稣基督和苏格拉底做了一个比较，他得出的结论是："如果说苏格拉底的一生是圣人的一生，他的死是圣人的死，那么，耶稣的一生便是神的一生，他的死便是神的死。"（第448页）

这段话是什么意思呢？他为什么把耶稣和苏格拉底相比呢？细细咀嚼，便可看出他的意思：苏格拉底是哲学家，把耶稣和苏格拉底相比，就意味着耶稣也是苏格拉底一类的哲学家，只不过是比苏格拉底高一个层次的哲学家；哲学家是人，由此可见耶稣也是人，只不过是像神一样的人。[①] 他用这种迂回曲折的方式否认耶稣的"神性"，否认基督的"三位一体"说，否认耶稣是上帝的儿子这一传统的教义[②]；不仅如此，他还否认了原罪说、救世说、永恒的痛苦说和种种教条与有关奇迹的说法。

---

① 卢梭从不赞同人们赋予耶稣基督以神的品质。他在他的《山中来信》第二封信中揶揄日内瓦的牧师们连他们自己对这一点也不敢肯定时说："我问他们究竟耶稣基督是不是神？他们不敢回答；我问他们赞同什么宗教的奥秘？他们不敢回答。他们知道什么呢？他们有哪些基本的信条和我的信条不一样？不把这几个问题弄清楚，他们怎么能让人最后决定信奉哪种信条呢？"（卢梭：《山中来信》，巴黎米尼奥出版社出版，第41页）

② 卢梭对"三位一体"说嗤之以鼻，根本就不相信。他说："是不是一个处女做了造物主的母亲，是不是她生的上帝，或者是她单单生了那么一个男人，而上帝进入了这个男人的身体同他合而为一；圣父和圣子的本质是相同的还是相似的；圣灵是来自圣父还是来自圣子，或者是来自他们两者；所有这些问题……我对它们是一点也不感兴趣的。"（第566—567页）

这样大胆地抨击教会和宗教教义，怎么不令虔诚的教徒对他恨之入骨呢？

卢梭对基督教内部宗派林立、屡起纷争的状况甚感忧虑。他反对不容异己的做法，他主张对各种宗教都采取宽容态度。[①]他说："它们在每一个国家中制定了一种公众一致采用的敬拜上帝的方法，它们在每一个国家的风土、政治、人民的天才或其他因时因地使大家喜欢这种宗教而不喜欢那种宗教的地方原因中找到了它们存在的理由……它们都是好宗教。"（第449页）

卢梭对教士、《圣经》、耶稣基督和各教派互争雄长的局面如此指指点点地评说，他在背离宗教教义的道路上实在走得太远、太远了，以致无论是以巴黎大主教博蒙为代表的天主教徒，还是日内瓦信奉喀尔文教义的新教徒，都不能容忍他。他以为他这样做，是摈弃了教义中的荒谬部分而挽救了宗教信仰中真正属于宗教的东西，是"牺牲树枝以保存树干"（第452页），是调和了不信教的人和虔诚的教徒之间的矛盾。但事实上，他这些言论不仅没有调和矛盾，反而既惹恼了哲学家，也激怒了各派教徒，最后导致大家都联合起来围攻他，并动用官方力量，险些使他身陷囹圄。1762年6月9日，他在卢森堡元帅府上得知巴黎高等法院已下令逮捕他的消息，便连家都没有来得及回，趁夜色昏暗，匆匆从元帅府后门逃走，从此开始了长达8年的流亡生活，备尝颠沛流离之苦，直到1770年才回到巴黎。

[①] 卢梭在他的《新爱洛伊丝》第596页的脚注中说："没有任何一个真正的教徒是排斥或迫害异教的人。如果我是法官，如果法律规定不信神的人必须处死，谁来告别人不信神，我首先就把他当作不信神的人处以火刑。"

5　如何使他身临危险而心不受危险

我们在本章·1已经说了：对于青年人爱慕异性的情欲的增长，不可采取遏制的办法，而只能加以疏导，延缓它的作用的发生。在爱弥儿经过道德教育和宗教教育等一系列教育之后，他在走向社会的道路上又向前迈进了一大步。这时候，他的情欲的冲动也随着自然的进程而有了明显的增加："自然的真正的时刻终究是要到来的，它是一定要到来的。既然人要死亡，他就应当进行繁殖，以便使人类得以延续，使世界的秩序得以保持。"（第461页）因此，卢梭提醒当老师的：到现在这个时候，"如果你对他的日益旺盛的欲念进行直接的干涉……把他目前所感到的新的需要看作罪恶，你还要他永久听从你的话，那是不可能的"（第462页）。

要怎样做，才能使这个青年人继续听从老师的指导呢？卢梭采取的办法还是同从前一样，"利用其他的事物去转移他的感官的注意……带着他离开城市，离开那些可以引诱他的东西。但是，这还不够……必须找一种新的工作叫他去做，这种工作，要以它的新奇而引起他的兴趣，使他忙得不可开交"。什么工作呢？卢梭说：在他看来，"现在似乎只有打猎才能一举而达到所有这些目的"（第467页）。

不过，卢梭"不希望爱弥儿把他整个的青年时期都用去屠杀野兽"，"更不赞许他热衷于这种残忍的行为"，因为打猎的目的"只是用它去延迟另外一个更加危险的欲念的到来"（第468页）。

在对待青年人的情欲方面，卢梭批评有些人的做法，他说：

有些人为了不让青年人掉入情欲的陷阱，就想一本正经地教育他，想使他对爱情产生厌恶，甚至想使他认为在他那个年龄一产生爱情的念头便是犯罪，好像爱情只是老年人的事一样。大家的心里都明白这种做法是错误的，是不能说服人的。青年人在可以信赖的本能的引导下，对这种晦气的教条虽然是假装接受，但在暗中是要取笑的，一有机会，就会把它们束之高阁的。这种教法完全是违背了自然。我采取相反的教法，反而能更有把握地达到同样的目的。我不怕促使他心中产生他所渴望的爱情，我要把爱情描写成生活中的最大的快乐，因为它实际上确实是这样的；我向他这样描写，是希望他专心于爱情；我将使他感觉到，两个心结合在一起，感官的快乐就会令人为之迷醉，从而使他对荒淫的行为感到可鄙；我要在使他成为情人的同时，成为一个好人。（第478页）

卢梭坦率地告诉爱弥儿：

你的心需要一个女伴，让我们去寻找一个适合于你的伴

半人半马的神希隆在林中训练阿基里斯狩猎

侣，也许我们是很不容易找到她的，真正优秀的人始终是很少的，但是，我们既不着急，也不畏难。毫无疑问，总是有这样一个真正优秀的人的，到最后我们总会找到她，或者至少也会找到一个同她差不多的人的。（第481页）

不过，卢梭并不向爱弥儿"描绘一个根本不存在的十全十美的模特儿"，"不采取这个办法去骗他"（第482页）。他只是向爱弥儿描绘未来情人的"显著的特征"，并给她一个吉祥的名字，叫"苏菲"。卢梭认为，只要把"这个模特儿描绘得很清楚，就既不会使他对所有同她相像的人减少爱恋之情，也不会使他对那些不像她的人不保持疏远……采用这个办法，我们就可以保护他身临危险而心不受危险"（第482页），使他永远不会受那些坏女人的危害。

也许有人会问：老师向爱弥儿描述了他未来的情人的特征以后，爱弥儿是不是想马上见到她呢？是的，他巴不得立刻就见到她。但是，老师并不着急，还不能让爱弥儿现在就见到苏菲，因为这个年轻人还有许多应当学习的东西没有学，例如：如何享受生活，如何使用金钱，如何与人交往和对待乡邻，等等。（第508—524页）所有这些，老师都要引导学生，在日常生活的经验中，形成良好的生活方式，用良好的生活方式规范自己的行为，让每天的生活都过得既有情趣，又有意义。卢梭告诉我们：

> 在这样消磨时间的过程中，我们一直在寻找苏菲，可是找不着她。正是由于不应该很快就把她找到，所以我们才到

我明明知道没有她的地方去找她。①

  时间已经很紧迫了；现在是应该马上把她找到的时候了，以免他把另外一个女人当成是她，等到发现认错了人便后悔不及了。……巴黎，再见吧；我们现在要寻找爱情、幸福和天真；我们离开你是越远越好的。（第525页）

---

① "才德的妇人，谁能得着呢？她的价值远胜过珍珠。"见《旧约全书·箴言》第31章第10节。这段引文，是卢梭添加的脚注，表明他们要去寻找的，是有才德的妇人。

五、游历归来始成家

《爱弥儿》第5卷由两部分组成。

第一部分的开头是一篇长达80余页可单独成书的论文。这篇论文的标题是《苏菲或女人》。(第526—611页)文中首先论述女人的生理和心理特征以及根据这些特征而施行的女子教育,(第526—588页)接着便描述爱弥儿所想象的意中人苏菲是什么样子,(第588—611页)最后,趁爱弥儿和苏菲尚未邂逅陷入情网之前,他的老师忙里偷闲,转过头来,像漫话家常似的向读者阐述婚姻要如何选择,才能两相匹配,臻于完美。(第611—623页)

第二部分以小说的形式叙述爱弥儿去寻找苏菲的故事。(第623—690页)然而,当他历尽千辛万苦最终找到这个可爱的女人,一见倾心,彼此爱慕,两情日浓,即将谈婚论嫁的时候,他的老师却义正词严地说服他离开苏菲①,去远游欧洲,考察各国的社会状况和政治制度的良窳。这是爱弥儿的最后一门功课,是他

---

① 关于爱弥儿的老师如何说服他离开苏菲的经过,请参见本书上篇各卷的内容简介。

必须经历的政治教育。他只有经过这层教育，游历归来，才能充分履行一个国家的公民的职责，并娶妻生子，等待着新的"爱弥儿"的诞生，担负起教育下一代的任务。(第690—741页)

1 女子与男子的教育有所不同

我们在本书上篇对《爱弥儿》第5卷做了一个简要的内容一瞥；现在细读这一卷，我们发现卢梭在女子教育方面的做法，与对男子的教育有三个不同。

第一个不同是：对女孩子的教育，不是像对男孩子的教育那样按年龄分阶段进行。对男孩子的教育，卢梭是根据他们的身体的力量和需要，在不同的年龄段，即在幼年、童年、少年和青年这几个不同的阶段实行不同的教育方法，如果打乱或混淆这几个阶段的次序，就不利于他们的成长和天性的培养；而对女子的教育，卢梭就没有这样安排，他笼统地把她们——不论是小女孩还是青年女子或成年妇女——作为同一个性别的人类论述对她们的教育。

第二个不同是：在如何对待他人的议论方面，卢梭主张保护男孩子不受他人议论的影响，让他们充分享受行动的自由，完全按照他们自己的意志和体力的许可行事。而对于女孩子则不然，卢梭认为她们应当注意他人的评论。他说："一个男人只要行为端正，他就能够以他自己的意愿为意愿，就能够把别人的评论不放在眼里；可是一个女人，即使行为端正，她的工作也只是完成了一半；别人对她的看法，和她实际的行为一样，都必须是很好的，由此可见，在这方面对她们施行的教育，应当同我们的教育完全

相反：世人的议论是葬送男人的美德的坟墓，然而却是荣耀女人的王冠。"（第538—539页）

第三个不同是：卢梭在《爱弥儿》第1卷中说人要在三种教育（自然的教育、事物的教育和人的教育）的配合下培养成人，而对于女子，卢梭在书中没有谈她们如何受这三种教育。他认为"妇女们所受的种种教育，和男人都是有关系的"（第539页），因此，对她们的教育要围绕着这个关系进行。针对这个关系进行的"教育"，就不是全面的教育，而是为了达到一定目的而进行的"训练"或"培训"，这两者之间是有很大的区别的。

有人认为，这样一些不同的做法的产生，是由于卢梭没有完全摆脱他那个时代歧视妇女的偏见。表面上看来，这种说法有一定的道理，但深入研究，并非如此，因为卢梭的女子教育思想是建立在他的哲学思想和心理学的基础上的。

卢梭主张，对男孩子的教育要针对他们的特点，在不同的年龄阶段采取不同的做法，换句话说就是：对他们的教育要着眼于他们那个年龄的"现在"而不考虑他们的"将来"，卢梭对那种"为了不可靠的将来而牺牲现在，使孩子受各种各样的束缚"的教育方法极不赞成，他呼吁人们"要爱护儿童，帮他们做游戏，使他们快乐，培养他们可爱的本能"（第72页）。

对于女孩子，他的教育方法却恰恰相反，他主张着眼于她们的"将来"。他说，"她们从小还应当受到管束。如果这样做对她们是一种苦楚的话，这种苦楚也是同她们的性别分不开的；而且，要是不受这种苦楚，她们将来一定会遭受更大的痛苦的。她们一生都将继续不断地受到最严格的约束：种种礼数和规矩。必须首先使她们习惯于这种约束,她们才不会感到这种约束的痛苦。"(第546页)甚至在她们做游戏的时候,也要使她们"知道有所约束。要经常使她们玩得正高兴的时候,可以马上停止,毫无怨言地去做另外的事情","由于养成了受约束的习惯,结果就会使一个妇女形成一种她终生都必须具备的品质:温顺。"(第547—548页)

卢梭认为一个女人应当具备的第一个重要的品质是温柔,他说:

> 她之所以要这样温柔,不是为了他,而是为了她自己。做妻子的人如果泼辣和顽强的话,其结果是只会增加她的痛苦和丈夫的错误行为的;如果她们要想征服他们,就不能使用这种武器。天老爷并不是为了使她们变成爱吵吵闹闹的人才(让她们)长得那么巧言令色地善于说话的;也不是为了使她们能够颐指气使地横蛮行事才长得那样柔弱的;也不是为了叫她们骂人才长有那样一副好听的嗓子的;也不是为了使她们能够横眉怒目地大发脾气才长有那样俊秀的面孔的。当她们怒容满面的时候,她们就失去了她们本来的样子了;……男性应当保持男性的态度,女性也应当保持女性的态度;一个丈夫如果太懦弱,就会使他的妻子变得很跋扈;不过,除非男人是一个怪物,否则一个女人的温柔的性情迟早是会使他俯首贴耳地拜她的下风的。(第548页)

在语言方面,对女孩子的教育方法也同对男孩子的教育方法相反。在《爱弥儿》第2卷中,卢梭特别提请人们注意"切勿教孩子学会一套虚假的客气话",他说他"不怕爱弥儿说话粗鲁",

但是他怕爱弥儿"说话傲慢"(第84页)。他认为男孩子和女孩子说话的共同点是:"说话要说得真实,除这个共同点以外,在其他地方就应当有所不同。……她们应当牢牢地记住这个法则,即同别人说话的时候,只能够说使人喜欢的话。"(第558页)

爱弥儿从童年时候起,就不屈从于任何人的权威,即使是他的老师和父亲也不能强迫他做他不愿意做的事。而对于女孩子则不然,卢梭认为既然妇女生来就处在隶属于他人的地位,所以女孩子也会懂得她们应该是服从别人,甚至在信仰问题上也是如此,"她们信仰什么要完全凭他人来决定。所有的女孩子都要信她母亲所信的宗教,所有的妇人都要信她丈夫所信的宗教"(第560页)。

也许有人认为,如果女孩子所受的教育同男孩子所受的教育相反,那么,她们所受的教育就正好是男孩子应该避免的事情,这样一来,在她们身上岂不形成许多缺点吗?对于这个问题,卢梭告诉人们要千万小心,因为:

> 你一再说:"妇女们有好些这样或那样的缺点,而这些缺点我们是没有的。"你这种骄傲的看法将使你造成错误;你所说的缺点,正是她们的优点;如果她们没有这些优点,事情就不可能有目前这样好。你可以防止这些所谓的缺点退化成恶劣的品行,但是你千万不能去消灭它们。(第536页)

2 健康的夫妻生活

女子的教育之所以在某些方面应当和男子的教育相反,其目的是为了使她与那个将成为她的配偶的人相适合。不过，两性的这种适合，并不是像拼图游戏那样机械地拼凑在一起，而是要建立一种新的关系，男人与女人只有互相倾听对方的声音，才能彼此理解，两相和谐：

> 两性的社会关系是很美妙的，由于有了这种关系，结果就产生了一种道德的行为者，女人便是这个道德的行为者的眼睛，而男人则是它的胳臂，但是，由于他们二者是那样的互相依赖，所以女人必须向男人学习她应该看的事情，而男人则必须向女人学习他应该做的事情。如果女人能够像男人那样穷究种种原理，而男人能够像女人那样具备细致的头脑，则他们彼此将互不依赖，争执不休，从而使他们的结合也不可能继续存在。（第560页）

女人的魅力在于她的温柔。"女人是特地为了使男人感到喜悦而生成这个样子的。……他（男人）的长处是在于他的体力，只要他身强力壮，就可以使她感到欢喜，这样的欢喜不是爱情的法则在起作用，但是，这是比爱情的法则更由来久远的自然的法则在起作用。"（第528页）

两性各有各的取悦对方的优点，不过，这种优点所发挥的作用有时候也会颠倒过来，这就是说：女人的温柔也可变成驾驭男人的一种力量。"较强的一方在表面上好像是居于主动，而实际上是要受较弱的一方的支配的"（第530页），何况如今"人们的看法有了改变，因此对风俗也产生了显著的影响。现今的男子个个都向妇女大献殷勤，就是这种影响的结果。男子们发现，他们要得到快乐，便要依靠女性的自愿，而且依靠的程度比他们所想象的还大得多，他们必须采取体贴对方的做法，才能满足自己的愿望。所以，我们可以看出，我们是怎样在不知不觉中由肉欲而达到道德观的，是怎样由粗俗的两性结合中逐渐产生温柔的爱情的法则的。女人之所以能够驾驭男人，并不是由于男人愿意受她们的驾驭，而是由于大自然要这样做：她们还没有在表面上制服男子以前，就已经是在驾驭男子了。……妇女们是有这种威力的，而且是谁也不能剥夺的，即使她们滥用这种威力，我们也没有办法；如果她们有失去这种威力的可能的话，她们早就失去了"（第531—532页）。

卢梭在书中谈到了性行为对两性的影响，指出两性之间的相互义务不是也不可能是绝对平等的，因此他认为妇女们不要在这一点上抱怨男人的做法不公平，因为"这种不平等的现象绝不是人为的，或者说，至少不是由于人们的偏见造成的"（第532页）。

他指出：婚姻的结合要求夫妻双方都忠实，"忠实是一切权利中最神圣的权利"（第735页），但是，不能因为要求忠实便把对方管得过严，"结婚以后两个人的心是联在一起了，但身体不能受到管束"（第735页），"两个人都各人支配各人的身体和爱情，只有在自己心甘情愿的时候才把这一切给予对方。……只有在两相情愿的时候，做快乐的事才是合法的"（第736页）。

3 现在是到了让苏菲和爱弥儿相会的时候了

本书在上篇·五中已对苏菲勾画了一幅小小的图像，"现在，让我们按照我向爱弥儿所讲的形象,按照爱弥儿自己所想象的能够给他带来幸福的妻子的形象,简单地描述一下苏菲的人品"(第588页)。

一个立志高远的普通女人

如同爱弥儿是一个普普通通的男子一样,苏菲也是一个普普通通的女人。"我将不厌其烦地一再说明,我不是在培养什么神童。爱弥儿不是神童,苏菲也不是神童。爱弥儿现在已经长成为成年的男子,而苏菲也长成为成年的女人;他们可以骄傲的,就是这一点。"(第588页)

在外貌方面,苏菲的"样子长得很普通,但是讨人喜欢的"(第588页),"她使你看到她的时候感到喜欢,但是不会使你心里入迷;她使你一看到她便感到动心,但是又说不出你动心的道理。"(第589页)

在穿扮方面,"她是很讨厌华丽的衣服的;她的衣服又简朴又淡雅……她的穿扮在表面上显得很平常,但实际上是十分好看,引人注目的。"(第589页)

在才情方面,她的"头脑很聪明,但还说不上是十分的敏慧……苏菲天生就是很活泼的,而且在童年的时候还有点儿调皮;不过,她的妈妈后来就有意识地一点一点地制止她那种轻浮的样子,以免到了非改掉这种样子不可的时候才突然叫她改,那就不好改了。因此,在她还没有到非改不可的时候,她已经就变得相当的稳重了"(第593页)。

在与人交往方面,她"一点世故的气息都没有的,但她对人是十分的亲切……她对人是有一定的礼貌的，不过，她对人的礼貌既不落俗套，也不拘泥于时尚……完全是出于一种真诚的使别人感到高兴和愉快的愿望"（第597页）。

在家务事情方面，"她对所有一切家务事情都是很专心细致地做的。……她简直就是她母亲的管家。"（第590—591页）

苏菲有缺点，她的缺点是：她的"心太敏感了，所以她的脾气很难保持平衡；不过，由于她为人是十分的温柔，所以即使在脾气发作的时候，也不会使别人感到难堪；她只是让她自己难过一阵罢了"（第593页）。

她还有一个缺点是贪吃。"在童年时候，小小的苏菲如果是单独一个人走进她妈妈的房间的话，没有哪一次是空着两只手走出来的，她一看到糖果和糕点就经不住考验，总要口里发馋，拿几个来吃的。……到她一天天长大的时候，她就有了其他的爱好，因而使她改掉了这种贪口腹的习惯。"（第592页）

卢梭对苏菲的这番描述，有人认为纯属虚构。对于这一点，卢梭说他描述的苏菲不是虚构的，而是现实生活中可以找到的。因为他笔下的这个女子，既不是天仙般的美女，也不是公主似的贵妇人，而是一个普普通通的女人；这样的女人"所受的教育，她的脾气和性格，甚至她的面貌，都是真真实实确有根据的"（第604页）。

爱弥儿想象的意中人就是苏菲这样的女子。苏菲心目中的意中人又是什么样的男子？是衣服华丽的"漂亮的青年人"吗？不是，因为这样的青年人"显得很轻浮、爱好虚荣和说杂七杂八的废话，而且一举一动都没有规矩，互相模仿那种装腔作势的样子，所以她很不喜欢"（第607页）。

她喜欢什么样的人呢？她说她喜欢太累马库斯①那样的人。

苏菲爱读《太累马库斯奇遇记》②，她钦佩书中的主人公太累马库斯，并立志要做书中的女主人公欧夏丽③那样的人。

"苏菲爱太累马库斯，而且对他的爱情的热烈是没有什么东西可以阻止的。"（第609页）不过，她很坦率

"苏菲，坐下来……"
"一听到'苏菲'这个名字，你可以想象爱弥儿是多么吃惊。"

---

① 太累马库斯是法国康布雷主教费讷龙1699年发表的小说《太累马库斯奇遇记》中的主人公。
② 《太累马库斯奇遇记》这本小说，表面上是为了教育路易十四的孙子布尔戈涅公爵写的，但实际上是通过对异国的风土人情和政治措施的描写，批评路易十四和在他统治下的法国的种种社会弊病。书中的故事取材于荷马的史诗《奥德赛》：太累马库斯是希腊神话中伊撒克王尤利西斯的儿子；他的父亲去参加特洛伊战争的时候，他还是一个小孩子。后来，他长大成人以后，就在他的老师芒托尔的指导和陪同下，出国去寻找他的父亲。
③ 欧夏丽，其前身即《奥德赛》中峨吉矶岛上的女神卡利普索。伊撒克王尤利西斯的船遇难后，卡利普索把他接到岛上住了7年。在《太累马库斯奇遇记》中，她以"欧夏丽"的名字出现，迎接尤利西斯的儿子太累马库斯。关于太累马库斯和欧夏丽相遇和相爱的故事，参见《太累马库斯奇遇记》，第7卷。

地表明：她不是一个好空想的人，她并不是想嫁给一个王子。她说："我不是在寻找太累马库斯，我知道太累马库斯是一个虚构的人物，我所寻找的是一个同他相像的人。"（第609页）

写到这里，卢梭认为：不能再让苏菲的想象力这样奔放下去了，不能再为了培养她的灵魂就打乱她的理智，现在是到了让爱弥儿和苏菲这两个年轻人相会的时候了。①

两个人互相服从，两个人同样是主人

卢梭在《爱弥儿》中对女子教育问题的论述，从18世纪到今天，不断引起人们的争论，受到女权主义者的批评。雷蒙·特鲁松在他的《卢梭传》里甚至认为：从对苏菲的教育方法看，"卢梭并没有完全摒弃他那个时代的社会习俗和日内瓦人的风俗；他在书中阐发的女子教育的原理，没有使他成为女权主义的先驱。不仅如此，与费讷龙的《论女子的教育》一书相比，反而有所倒退，"②倒退到像莫里哀③的戏剧中的阿尔洛夫对少女阿涅丝④那样，只要求教会她纺纱和缝衣服就行了。

不可否认，在女子教育方面，卢梭立论的出发点是：女子的体力和推理能力弱于男子；妇女们"推起理来只能推一个表面。苏菲对什么东西都要动脑筋去想，但是却想不出一个大道理"（第

---

① 关于爱弥儿和苏菲相会的故事，请参见《爱弥儿》，第5卷，第625—628页。
② 雷蒙·特鲁松著：《卢梭传》，第251页。
③ 莫里哀（1622—1673），法国喜剧作家。
④ 阿尔洛夫和少女阿涅丝是莫里哀的喜剧《女子教育》中的人物。

646页)。但同样不可否认的是,卢梭在书中曾明确表示,他不赞成"有些人主张女人只能够督促女仆纺纱和缝纫,从而把她们变成男人的第一个仆人"(第569页)。

雷蒙·特鲁松在他的《卢梭传》第72页谈到这个问题时,为了表明他对卢梭的批评,引用了莫里哀的《女子教育》中的如下两行诗:

> 只要她知道如何祷告和如何爱我,
> 会纺纱、会缝衣服就行了。

他认为在女孩子身上只可培养女孩子应具备的品质;他一再反对在女孩子身上培养男孩子的品质,他认为这样做,"显然是在害她们"(第537页)。他提醒母亲们不要违反自然规律而把她们的女儿造就成一个好男子,"应当把她培养成一个好女人,这样,对她自己和对我们都有更大的好处"(第537页)。

是不是因此就可以得出结论说,应当使她对一切事物都蒙昧无知,只能够让她们经管家务呢?一个男人应不应该把他的伴侣当作奴仆呢?他会不会不让她去享受社交的乐趣呢?为了更好地使役她,他会不会使她没有一点思想和知识呢?他会不会把她造成一个十足的机器人呢?不会的,当然不会的;大自然使妇女们具备了那样聪慧和那样可爱的心灵,所以它绝不会抱这样的主张的;相反地,它希望她们有思想和有眼光,希望她们有所爱和有所认识,希望她们像培养身

体那样培养她们的心灵……①（第537—538页）

卢梭笔下的苏菲是一个"有思想和有眼光"的女子；她既不愿意嫁给一个把她当仆人使用的男人，也不喜欢一个把她捧上了天，以致失去了自己的意志、一切唯她之命是从的情人。"她在爱情上是要求得极其严格的；她宁可不为任何一个人所爱，也不愿意被一个人半心半意地爱。"（第669页）

在卢梭看来，妇女们具有一种改变社会风气的力量，"是我们男子的良好行为的天然评判者……所有一切风俗敦厚的民族对妇女都是很尊重的"（第583页）。他希望人们看一看斯巴达，看一看日耳曼，看一看罗马。他说，"如果在这个世界上曾经有过光荣和美德荟萃之处的话，那就是罗马。在罗马……她（妇女）们的夸赞和祈愿是神圣的，是对共和国事业的最庄严的裁判。所有一切巨大的变革都是由妇女发端的"（第583页）。

卢梭反对那种硬说男性优于女性或女性优于男性的论调，因为在他看来："在两性的结合中，每一种性别的人都同样为共同的

---

① 卢梭的这段话是有所感而发的，是根据自己的切身体会而阐述的：1745年，卢梭认识了一个名叫黛莱丝的女洗衣工，两人不久便开始同居。黛莱丝目不识丁，但卢梭并没有按照他1762年发表的《爱弥儿》中的这段话培养她。因此，到晚年写《忏悔录》时，他对这件事情写了一段真诚的自我责备的话。他说："这时我深深感到我当初真的错了，没有在我们开始同居之时，利用她因爱而对我的百般顺从去培养她的才能和教她一些知识，以便我们两人单独相处时更加亲近，使她的时光和我的时光都过得很愉快和充实，不至于面对面地在一起感到时间太长。我这个话的意思，并不是说我们之间无话可说，也不是说她和我一起散步时感到厌烦，而是说我们之间没有足够的共同语言，使我们有很多话题可谈。"（《忏悔录》，下册，第145页）

目的而贡献其力量"(第528页),"我们不知道他们当中哪一个人出的气力多一些,每一个人都受对方的驱使,两个人都互相服从,两个人都同样是主人。"(第560页)男人和女人各自发挥自己的才能,没有谁高谁低之分。爱弥儿和苏菲受教育的目的,是为了生活得幸福,而不是为了追逐名利和虚荣。如同在《社会契约论》中探讨如何防止政府走向腐败的办法一样,卢梭在《爱弥儿》中探讨的是如何保护男人和女人免受痛苦,保护他们的天性不受恶劣的社会风气的败坏。

4 终身伴侣慎选择

婚姻是人生的一件大事。婚姻美满,一生幸福,是为佳偶;反之,一生痛苦,则为怨偶。追求美满的婚姻,是男子和女子同样具有的权利。"一个人的婚姻可以决定一个人一生的命运,所以必须用充分的时间去考虑它"(第600页),"婚姻是否能取得最大的幸福,在很多方面要取决于男女双方是不是相配"(第600页),不过,不是在各个方面都相配,而是在主要的方面相配,并且要始终相配,而不是在一定条件下才相配:

> 如果一个男人和一个女人只是在一定的条件下是相配的话,那他们是不能结婚的,因为将来条件一变,他们彼此就不再相配了;但是,如果两个人不论是处在什么环境,不论是住在什么地方,不论是占据什么社会地位,都是彼此相配的话,那他们就可以结成夫妻了。我的意思并不是说在婚姻

问题上可以不考虑社会关系,我的意思是说自然关系的影响比社会关系的影响要大得多,它甚至可以决定我们一生的命运,而且在爱好、脾气、感情和性格方面是如此严格地要求双方相配,所以一个贤明的父亲(即使他是国王或君主)不应当有丝毫的犹豫,必须为他的儿子娶一个在这些方面相配的女子,尽管那个女子是出生在一个不良的人家,尽管她是一个刽子手的女儿。是的,我认为,这样一对彼此相配的夫妇是经得起一切可能发生的灾难的袭击的,当他们一块儿过着穷困的日子的时候,他们比一对占有全世界的财产的离心离德的夫妻还幸福得多。(第612页)

从上面这段话中可以看出,在婚姻问题上,自然关系即双方的性格要相适合,是最重要的,而社会关系即双方的社会地位是否适合,也是要考虑的一个重要因素,不过在这方面的要求"并不是非要双方的社会地位相等不可……相等的社会地位是不能抵消任何一个相配的因素的"(第613页),因此,男女双方只是在其他方面都相等的时候,才考虑他们的社会地位是否相等,"要选择的话,就只能够在同自己的等级相等或低于自己的等级的人之间加以选择"(第615页)。

卢梭极力反对与门第比自己高的女人结婚;他说,高贵的门第对年轻人有什么好处呢?如果"年轻人果真高攀了一门亲事,则他本身将遭遇千百种痛苦,终其一生都将受害的"(第613页)。

除了性格和社会地位以外,第三个要考虑的因素是教育。"无论就男性或女性来说,我认为实际上只能划分为两类人:有思想的人和没有思想的人；其所以有这种区别，差不多完全要归因于教育。"（第615页）卢梭认为没有受过教育的女人不知道怎样用她们的头脑去思考，是"没有思想的人"；一个男人"如果他娶了这样一个女人的话，他就只好一个人单独去用他的思想，从而便缺少那种共同生活中的最大的乐趣"（第615页），何况"一个女人如果没有运用思想的习惯，她又怎能培养她的孩子呢"。所以，"一个受过教育的男人是不宜于娶一个没有受过教育的女人的"（第616页）。

不过，卢梭对女子的教育程度的要求并不高，认为女子只需"受过粗浅教育"就行了。[①]

如同他反对高攀门第一样，他也不赞成娶一个"满肚皮学问和很有才华的女子"为妻，因为这样的女子认为自己"有很高的才情，所以她看不起妇女们应尽的天职，并且硬要照德朗克洛小姐那样把自己变成一个男人。她一到社会上去，就会做出许多可笑的事情，使自己受到人家理所应当的批评"（第616页）。

"谈了以上几点之后，就应该谈一谈女人的相貌了。"[②]（第617页）在女人的相貌问题上，卢梭避免两个极端；他既不赞成"讨一个花容月貌的女人做妻子"，也不赞成娶一个"丑得令人讨厌"的女人。他中意的容貌是"清秀而楚楚可人的"自然美，他说，这种容貌"虽然不能引起你的爱恋，但能讨得你的喜欢，所以我们应当选择这种容貌"（第618页）。

---

① 苏菲"所受的教育既不深也不浅"（第618页）。
② 关于女人的相貌问题，请参见本书上篇·五的论述。

5 游历是教育的一个组成部分

我们在本章的开头说了:爱弥儿历尽艰辛终于找到了苏菲,然而正当他们两人的感情发展到谈论婚事的时候,他的老师却说服他离开苏菲,去远游欧洲。爱弥儿接受了老师的意见,便与老师一起踏上了万里征程。书中专门有一大段记述此次长途跋涉的文字,标题为《游历》①,长达30余页。不过,不要以为卢梭在《游历》中有许多关于各国风光景物的描写;这方面的记述,一个字也没有,因为游山玩水不是他要爱弥儿远去异国的目的。他的目的是什么呢?他的目的是让爱弥儿受教育;到远方游历是对青年人的"教育的一个组成部分"(第699页)。

如何研究一个国家的人民

卢梭把到欧洲各国游历看作对爱弥儿的教育的重要组成部分之一。他把这一部分教育放到最后进行,因为过早了,青年人还没有足够的判断能力,不知道应当学什么才好,所以要等到他长大成人,有了选择的能力之后才进行。他不赞成跟风游历;他认为"为游历而游历,是在乱跑"(第699页),何况"即使说是为了受教育而去游历,这个目的也是过于空泛的,因为没有一个明确的目的的教育,是没有意义的",因此,他"希望青年人有一种

---

① 卢梭在书中所说的"游历",不是我们今天所说的"旅游"。"游历"与"旅游"虽只一字之差,但两者的概念大有区别,目的也迥然不同。

鲜明的学习意图,这种意图经过很好的选择之后,就可以决定所要学习的内容了"(第699页)。

卢梭是不是完全反对观赏异国的山川景色呢?不是。如果在游历的途中有观赏山川的时间,他还是要去观赏的,不过,他的主要目的是去研究其他国家的人民。他说:

> 为了观赏一个国家的山川而去游历,和为了研究一个国家的人民而去游历,其间是大有分别的。好奇的人总是抱着前一个目的去游历的,他们在游历中只是附带看一下一个国家的人民。对研究哲理的人来说,则应该同他们相反,主要是研究人民,而附带看山川。小孩子是先看东西,等他长得够大了,他才研究人。大人则应该先研究人,然后才看东西,如果他有看东西的时间的话。(第698页)

他提醒人们,到各国游历要讲究方法;如果方法不当,是达不到预期的效果的。他不赞成教师"带着青年人从这个城市跑到那个城市,看了这个宫廷又看那个宫廷……花了许多旅费,跑遍了整个的欧洲,研究了许多鸡毛蒜皮的事情,或者把自己弄得十分厌倦之后回来,仍然是没有看到任何一样可能使他们感到兴趣的东西,没有学到任何一样可能对他们有用的事情"(第719页)。

他不赞成到大城市去游历,尤其反对到各国的首都去"观光",因为"各国的首都都是差不多的,在那里混杂不清地居住着各种各样的人和流行着各种各样的风气,所以是不能够到首都地方去研究一个国家的人民的"（第 719 页）。

那么，要到什么地方去研究一个国家的人民呢？他的回答是：到边远各省。因为：

> 在边远各省，人民的活动比较少，通商和外邦人士的往来没有那么频繁，同时居民的流动也没有那样多，财产和社会地位的变动也没有那样大，所以，我们要研究一个民族的天才和风尚的话，是应该到边远的省份去研究的。在首都，你可以走马看花地看一下；但在远离首都的地方，你就要仔仔细细地观察了。真正的法国人不在巴黎而在土伦；麦西亚的英国人比伦敦的更具有英国的风味；加利西亚的西班牙人比马德里的更带有西班牙的特点。正是在远离首都的地方才能看出一个民族的特性和没有混杂一点外国色彩的地地道道的样子，正如在最大的半径的尖端才能最准确地量出一个弧形的面积一样，我们在边远的省份才最能看出一个政府的好坏。（第 719—720 页）

对于一个政府的好坏，不能只看它的"表面形式"，而要看它"对人民产生的影响"。他说：

> 如果你只对政府的表面形式，只对它那庞大的行政机构和许多官吏的官腔官调进行研究，而不同时通过那个政府对人民产生的影响，不通过它的各级行政机构去研究它的性质，那也是研究不出一个所以然来的。形式的差别实际上在各级

行政机构之间是存在着的，所以，只有把它们全都考察一番，才能把这种差别看出来。在某一个国家里，你可以通过一个部的下级属员的行为去研究那个部的风气；在另一个国家里，你可以通过国会议员的选举情形而研究那个国家是不是真正的自由；不过，无论在哪一个国家，如果你只看城市的话，那是不可能了解那个国家的政府的，因为政府在城市和农村中的做法是不一样的。然而，构成一个国家的是农村，构成一个民族的是农村的人口。（第722页）

对几位政治学家的评论

从前面的叙述可以看出，《爱弥儿》第5卷中的《游历》实际上是一篇析理透彻的政论文。与其他政论文不同的是，它通篇没有艰深的词句，文字浅易，向读者阐述的是三个理论问题：首先是一段对格老秀斯[①]、霍布斯[②]和孟德斯鸠[③]的简短评论（第690—704页），接着是一个书摘，钩玄提要，把深奥难懂的《社会契约论》写成了一个简明的"通俗本"（第704—718页），最后是几条判断一个国家的政治是否良好的法则和远游欧洲各国的总结（第718—726页）。写到这里，卢梭很高兴地告诉人们：由于爱弥儿"研究了各种政府的弊害，研究了各国人民的美好的德行，因此他

[①] 格老秀斯（1583—1645），荷兰法学家和政治学家，主要著作有《战争与和平法》。
[②] 霍布斯（1588—1679），英国哲学家和政治学家，主要著作有《利维坦》。
[③] 孟德斯鸠（1689—1755），法国法学家和政治学家，主要著作有《论法的精神》。

回国的时候,还将给他的祖国带回他从这些研究中所取得的教益"(第725页)。

现在,让我们先在本段看一看卢梭是怎样评论格老秀斯、霍布斯和孟德斯鸠这三位政治学家的。

读者想必还记得,我们在上篇各卷内容简介中说的,在爱弥儿找到了苏菲并急于和她结婚的时候,他的教师"一连向他提出了好几个问题",指出他目前还不具备做丈夫和做父亲的条件,因为他还不知道做公民的责任,不知道什么叫政府、法律和祖国,等等。爱弥儿对这些政治学方面的问题还很陌生,他还需要学习。然而,卢梭认为,令人遗憾的是,能正确阐述这些问题的著作非常稀少,还不够完备;他说:"政治学还有待于发展,据估计,它也许永远不会发展起来了。在这方面居于一切学者之首的格老秀斯,只不过是一个小孩子,而且最糟糕的是,他还是一个心眼很坏的孩子。我认为,根据大家一方面把格老秀斯捧上了天,另一方面把霍布斯骂得狗血喷头的情况来看,正好证明根本就没有几个明理的人读过或理解了这两个人的著作。事实是,他们两个人的理论完全是一模一样的,只不过各人使用的词句不同罢了。"(第703—704页)

卢梭为什么对格老秀斯和霍布斯有如此苛刻的评论呢?理由是:"格老秀斯否认人类一切权力都应该是为了有利于被统治者而建立的;他引用奴隶制为例……按格老秀斯的说法,究竟全人类是属于某一百个人的,抑或那一百个人是属于全人类的,仍然是个疑问,而且他在他的全书里似乎是倾向于前一种见解的,而这也正是霍布斯的看法。这样,人类便被分成一群群的牛羊,每一群都有它自己的首领；首领保护他们，就是为了要吃掉他们。"[①]

卢梭在《社会契约论》中对格老秀斯和霍布斯的批评值得注意，他提醒人们：在对这两位政治学家的著作做比较研究时，必须对他们鼓吹绝对君主专制制度的论调多加留心。

对孟德斯鸠，卢梭既有好评，但同时也指出了他的不足。他认为孟德斯鸠有能力在政治学方面做出巨大的建树，而其缺点是："他避而不谈政治学的原理，而只满足于论述各国政府的成文法；在这个世界上，再没有什么东西比这两门学问的内容不同的了。"（第704页）

孟德斯鸠在《论法的精神》中有一个著名的论断：气候和地理环境等自然条件对各个民族的性格和政治制度的影响甚大，甚至起决定性的作用。卢梭认为孟德斯鸠的这个论断已经过时，因为"今天的欧洲是很不稳定的，所以没有足够的时间让自然的原因打上它们的烙印"（第696页），何况"随着各种族的人的互相混合，民族之间的区别已经逐渐地不存在了"（第695页）。因此，孟德斯鸠的理论已经不能解答当时欧洲各国的政治制度问题了。如何才能解答这种问题呢？在卢梭看来，要解答这种问题，就要运用他在《社会契约论》中阐述的政治权利原理。

6 《爱弥儿》和《社会契约论》

卢梭的《爱弥儿》和《社会契约论》都出版于1762年：《社会

[①]《社会契约论》，第10—11页。

契约论》于是年4月问世，而《爱弥儿》约晚一个月，到1762年5月方与读者见面。在时间上晚一个月，这对《爱弥儿》的读者来说太好了，因为一个月前他已经读了《社会契约论》，对这本书中的论点已有大致的掌握，因此，到现在读《爱弥儿》中的《游历》的时候，不至于对摘自该书的一些问题和提法感到陌生。①

《游历》的文字布局

《游历》共分三部分，主要摘自《社会契约论》第1—3卷。

第一部分（第704—707页）摘自《社会契约论》第1卷第1—3章，主要是驳斥格老秀斯"凭事实来确定权利"的推论方式，卢梭明确指出：权利并不来自事实。既不来自强力，也不来自自然。②

第二部分（第707—710页）摘自《社会契约论》第1卷第5—9章和第2卷第6—7章，主要是论证"社会契约是一切文明社会的基础"（第707页），并指出人们只有在社会契约下生活，才能比在自然状态中生活更为自由。

第三部分（第710—716页）摘自《社会契约论》第3卷第1—3章，主要是论述政府的形式和分类，并论证政府的机构是庞大为好还是紧缩为好。这一部分摘录较为详细，其目的是让人们在选择国家的政府形式方面有一个理论上的引导。

---

① 卢梭在《爱弥儿》第711页第2段加了一个脚注说："这些问题和提法大部分是从《社会契约论》中摘录出来的……这里所讲的只是它的大要。"
② "强力并不构成权利，而人们只是对合法的权利才有服从的义务。"（《社会契约论》，第13—14页）"社会秩序乃是为其他一切权利提供了基础的一项神圣权利。然而这项权利绝不是出于自然……"（同前，第8页）

对照阅读这两本书

细读《游历》,读者将发现,它所摘录的《社会契约论》中的文字,只是摘录或转述其大意,而不是照录原文,个别地方的重要措辞也不是原来的用语,句子或段落也未按原来行文的次序,甚至在有些地方只是仅仅给一个提示,要读者自己去研究、去阅读《社会契约论》。诸如此类的情况甚多,以下仅就这几种情况举几个例子,供读者在阅读《爱弥儿》或把《爱弥儿》与《社会契约论》对照阅读时做个参考。

例1 谈到在社会契约下生活,个人将享受怎样的自由这个问题时,《爱弥儿》中的说法和《社会契约论》中的说法有所不同,《爱弥儿》中的说法是:

> 社会契约是一种特殊性质的契约……所以人民才是同自己在订立契约,这就是说,人民作为整体来说就是主权者,而每一个个人就是属民……由于个人只服从主权者……所以我们由此可以看出每一个人为什么在服从主权者的时候就是服从他自己,为什么在社会契约之下生活比在自然状态中生活更为自由。(第709页)

《社会契约论》中的说法是:"要寻找出一种结合的形式,使它能以全部共同的力量来卫护和保障每个结合者的人身和财富,并且由于这一结合而使每一个与全体相联合的个人又只不过是在服从自己本人,并且仍然像以往一样的自由。"(《社会契约论》,

第 23 页）这就是社会契约所要解决的根本问题。

在这里，读者也许会问：在社会契约下生活，《爱弥儿》说"更为自由"（plus libre），而《社会契约论》说"一样地自由"（aussi libre），为什么这两处的说法不同？是不是卢梭对社会契约所起的作用改变了看法？细读两处文字，我们认为他没有改变他的看法，而这两处文字之所以有这种差别，是由于《社会契约论》中的这段话指的是社会契约产生之前的情况（"要寻找出一种结合的形式"）。在社会契约产生之前，人们有一种担心：怕社会契约会损害个人的自由。为了消除这个顾虑，所以卢梭在书中指出，在这种结合形式下，"个人又只不过是在服从自己本人"，所以"仍然像以往一样的自由"。

而《爱弥儿》中的那段话，指的是社会契约已经产生、社会已经建立之后的情况。这时，人们已经脱离原始状态，所以，从总的方面看，个人"比在自然状态中生活更为自由"。这就是《社会契约论》第 1 卷第 8 章所说的："人类由于社会契约而丧失的，乃是他的天然的自由以及对于他所企图的和所能得到的一切东西的那种无限权利；而他所获得的，乃是社会的自由以及对于他所享有的东西的所有权。"

例 2　不照录《社会契约论》的原文，而只把与该书有关的问题或性质相同的论点综合起来，转述其大意：

> 当一个国家的人民专门针对一个或几个成员考虑问题的时候，这个国家的人民就分裂了。在全体和部分之间就产生了一种关系，从而把它们分成两个分离的存在：部分是一个

存在，而全体在少去这一部分之后就是另一个存在。但是，全体在少去这一部分之后就不是全体了；只要存在着这种关系，那就不能称为全体，而只能称为两个大小不等的部分。

反之，当全体人民为全体人民制定法律的时候，那就是考虑到人民自己的情况来定了；如果说产生了一种关系的话，那就是从一个观点来看的整体对从另一个观点来看的整体，而整体是没有分裂的。法律的对象是全体，而制定法律的意志也是全体。我们在这里需要研究的是，其他的法令是不是可以冠上"法律"这个名称。（第710页）

这两段话摘自《社会契约论》第2卷第6章。"其他的法令是不是可以冠上'法律'这个名称？"卢梭对这个问题没有回答，留待读者去研究。

例3 不按卷次章次的次序，把几个有关的问题和性质相同的论点综合在一起，只给一个提示，让读者自己去研究：

如果说人民不能够把他们的最高权力让给别人，他们是不是可以把它委托给别人行使一个时期？如果说人民不能够找一个人来做自己的主人，他们是不是可以找一些人来做自己的代表？这个问题很重要，值得我们加以讨论。

如果说人民既不能够有一个最高的统治者，也不能够有代表，那我们就要研究他们怎样给自己制定法律，他们是不是应当有许多的法律，他们是不是应当经常改变他们的法律，一个人口众多的大民族是不是能够自己做自己的立法人？

罗马人是不是一个人口众多的大民族？

形成人口众多的大民族,是不是好?(第711—712页)

这几段话分别摘自《社会契约论》第2卷第7章《论立法者》和第3卷第15章《论议员或代表》;关于人口众多的大民族问题,请见该书第2卷第9章和第10章。卢梭对这几段话中提出的一连串问题,都没有给出答案;其目的,显然是要我们去阅读《社会契约论》原书。他启发人们去思考,让读者自己去解答问题,这是一个展开讨论的好办法。

例4 前面三个例子中的文字,对《社会契约论》原文的转述都比较简约,以下两段是摘录较详的例子:

根据前面阐述的几点,我们可以看出:在一个国家的属民和主权者之间有一个中间体,这个中间体是由一个或几个人组成的,他们负有掌管行政、执行法律和维持政治和公民自由的责任。(第712页)

本段和其后的5段文字,即一直到第713页"……按大小来说有多少个不同的国家,在性质上就有多少种不同的政府",是摘自《社会契约论》第3卷第1章。卢梭在这一章的起首一句是:"我提请读者注意,本章必须仔细阅读。"卢梭为什么要如此忠告呢?因为本章和以后几章的叙述包含许多用数学方式解说的问题,这对一般的读者来说,是需要动一番脑筋思考才能弄清楚它的意思的。不过,笔者认为卢梭用数学方式来阐述理论问题,这个办法在这里不一定妥善,因为社会和政治问题的复杂性,是不能以简单的数量关系来表达和衡量的。

> 如果说人民的人数愈多，人民的意向和法律的关系便愈少，那我们就要研究是不是可以这样类推：行政官的数目愈多，政府便愈没有力量。（第713页）

从本段起一直到第716页"……一般地说，民主政府适用于小国，寡头政府适用于中等的国家，而君主政府则适用于大国"，是摘自《社会契约论》第3卷第2章《论各种不同政府形式的建制原则》和第3章《政府的分类》。文中所说的"行政官"，指的是"最高的行政官即国家的领袖，其他的行政官只不过是他们在这一部分或那一部分的代理人"。

我们在前面已经说了，关于政府的形式和分类问题，是《游历》摘录《社会契约论》的重点，读者阅读时，请多留心，因为卢梭在他的《山中来信》中又再次强调这个问题，他说："政府拥有的只不过是执行权，这和主权者拥有的主权是有根本区别的——权力上的这个区别很重要。为了明确了解这一点，请仔细阅读《社会契约论》第3卷第1章和第2章。"[①]

7 在地上也如同进了天堂

爱弥儿此次遍游欧洲各国，历时两年[②]；游历归来，与苏菲久别重逢，两人十分欢喜。尽管读者很想看一下卢梭怎样描写爱弥儿回到苏菲身边的情形，然而人们发现，这方面的描写书中一句

---

① 见《山中来信》，第5封信，第92页。
② "让我们从现在起，花两年时间去游历。"（第703页）

也没有。为什么？因为他认为："所有这些细节叙述起来也许是很有趣的，然而是没有什么用处的；到现在为止，我一直规定着我自己即使要叙述有趣味的细节，也必须要它们在我看来有用处，我才叙述它们。"（第732页）他不浪费他的笔墨，他要把《爱弥儿》的最后几页用来阐述在他看来不仅对爱弥儿和苏菲，而且对所有的青年夫妻都极其有用的法则。这个法则是：结婚之后，如何才能依然同结婚前那样相爱。他把这一点看得很重要，他说："我常常想，如果我们在结婚之后仍然能保持爱情的甜蜜，我们在地上也等于进了天堂。"（第733页）可惜的是，"这一点，迄今还没有人做到过"。他希望爱弥儿和苏菲在这方面树立"一个他人未曾有过的榜样"。他问他们："你们愿不愿意听我告诉你们一个在我看来是唯一能够树立这种榜样的办法？"（第733—734页）

爱弥儿对老师的问话满不在乎，似乎觉得他和苏菲已经进入了天堂；苏菲也表现得很自信，似乎认为爱弥儿和她的爱情定能保持，不会出现问题，她哪里知道，"男人是不像妇女那样始终如一的，总是比妇女更易于对爱的甜蜜失去兴趣的"（第734页）。

为了防止他们结婚以后爱情渐趋冷淡，卢梭开出了他的"药方"，提出他的办法。他的办法"又简单又容易"那就是："在结为夫妇之后要继续像两个情人那样过日子"（第734—735页）。

读者也许会问：夫妇和情人之间有什么区别？其间的区别在于一个权利问题，说确切一点就是女方有拒绝男方接触她的身体的权利；如果男方把女方的身体看作像财产那样可任意支配的话，就必然会滥用这项权利。他提醒爱弥儿和苏菲："强制和爱情是不能融合在一起的，要命令一方给予快乐是办不到的……肉体的快乐本身当然是很甜蜜的"，但绝对不能够"用强迫的办法去取得这种应该由肉体快乐的本身产生的美妙感觉"（第735页），"即使结婚之后，也只有在两相情愿的时候，做快乐的事才是合法的"（第736页）。因此，他希望爱弥儿始终做他的妻子的情人，而且"是很尊敬她的情人"；他希望苏菲"也永远做你（爱弥儿）的情妇和她自己的主人"（第736页）。他告诉苏菲：

> 如果你想看到你的丈夫时常来拜倒在你的脚下，你就要始终使他同你的身体之间有一点距离。不过，在你的严肃的做法中，要带一点儿羞怯，千万不能任性，要使他觉得你是稳重而不是胡闹。你要注意的是：在控制他的爱情的同时，不要使他对你的爱情产生怀疑。你要通过你的恩情而使他爱你，你要采取拒绝的办法而赢得他的尊敬；要使他赞美他的妻子的贞洁，但是不要使他抱怨他的妻子太冷淡无情。（第739页）

他提醒苏菲："不要做到了以上几点你就认为这个办法始终是有效的。"因为"愉快的事情最终还是要使快乐的心逐渐消失的，所以最需要注意的还是爱情"（第739页）。他告诉苏菲：爱情的纽带是孩子，他们"将在给予他们的生命的两个人之间建立一种甜蜜的而且比爱情本身还牢固的联系"（第739页）。所以，有了孩子以后，就不要采取"原来那种矜持的态度，而应当在你们之间建立最亲切的情谊，不要再同他分床而睡，不要再拒绝他,不要再任性。这样,你就会变成他自己的半个身子,使他不能够没有你,使他一离开你就觉得是离开了他的本身"(第740页)。

读到这里,人们怎能不把这样美好的夫妻情谊和爱情生活赞为榜样!怎能不把这么快乐的家庭视为天堂!

六、《爱弥儿和苏菲》

在《爱弥儿》全稿杀青后，卢梭又开始撰写一个书信体故事，标题为《爱弥儿和苏菲，或：孤独的人》（第742—792页），由于《爱弥儿》出版之后即遭到查禁，巴黎高等法院下令逮捕作者，卢梭一闻到风声，便于1762年6月9日深夜出逃，致使这个故事只写到书简二便停止，没有写完。

这个故事的梗概如下：

在书简一中，爱弥儿向他的老师叙述了他和苏菲结婚10年的幸福生活之后，便谈到了他不幸的遭遇：苏菲的父亲和母亲相继去世，他们最疼爱的女儿也不幸病故。这时，爱弥儿正好在首都有一些事情要处理，于是便带着苏菲一起到巴黎，目的是想安慰她悲伤的心。然而到巴黎生活不久，苏菲的性情便开始发生变化，和爱弥儿的感情日渐疏远，在一位女友的撺掇下，竟误入歧途，失身于人。爱弥儿知道此事后，便悄然离开她，远到海外，浪迹天涯。在书简二中，爱弥儿讲述他当了一名水手，在海上过着艰苦的生活，后来被海盗劫持，被辗转卖给几个凶暴的人当奴隶，最后，因不堪监工的虐待，便带头起来反抗。他的反抗精神和行事果断的勇气，传到了阿尔及尔总督那里，总督很欣赏他，于是他的主人就把他送给总督当奴隶。故事写到这里便停止。①

有些人因为书中描写了爱弥儿和苏菲婚姻的失败，便认为是卢梭教育方法的失败。这样看，只看到了故事的表面，而没有看出卢梭写这个故事的真正意图是在论证他在《爱弥儿》中没有谈到的问题：书中虽讲述了爱弥儿经受了许多生活上和感情上的痛苦和困难，但都是一些可以克服的小难题，而真正的人生剧变，他却一个也没有经历过。《孤独的人》这篇故事的目的就是在弥补这方面的不足。在故事中，爱弥儿遭到了人生的大不幸：家庭破裂了；生活环境和社会地位发生了根本变化。尽管在打击突然降临之初，他曾一度悲伤失望，但不久便想起了老师对他的教导：在任何艰难困苦的情况下，都要牢牢把握住自己的命运，振作精神，证明自己是一个经受得起一切打击的人。他说：

> 我从来没有像在这样一种严酷的情况中更感觉到我所受的教育的力量了。尽管我生来有一副软弱的心，对一切都怀抱温情，容易烦恼，优柔寡断，然而在起初那一会儿按照我的天性行事以后，我便立即克制自己，尽量冷静地考虑我目前的处境。我听从需要的法则的支配，不再是那样白费气力地怨天尤人了；我让我的意志忍受那必然的枷锁的约束。（第763页）

---

① 这个故事的结局，后来由普雷沃斯特根据卢梭晚年向他所讲的"几个情节"综合起来写了一段令人欣慰的描述。（第794页）

他在信中告诉他的老师:"我现在是孑然一身,失去了所有的一切;然而,我仍然是原来那个样子,灰心失望的事不能消灭我这个人。"(第743页)

《孤独的人》不仅不与《爱弥儿》的论述相矛盾,恰恰相反,它证明了爱弥儿所受的教育使他经受得起一切逆境和挫折的考验:"谁最能容忍生活中的幸福和忧患,我认为就是受了最好教育的人。"(第13页)

"爱弥儿,你要做一个新人。"爱弥儿在书简一中对自己所说的这句自勉自励的话,揭示了《爱弥儿》全书的主旨:用新的教育方法培养一种全新的人。

七、本篇的小结

本篇对《爱弥儿》各卷的主要论点做了一个简要的评介；正如该书的副题"论教育"所表明的，书中探讨的是人的教育问题，"我们在出生的时候所没有的东西，我们在长大的时候所需要的东西，全都要由教育赐与我们"（第7页）。对人的教育是成功还是不成功，将影响我们整个的一生。因此，在论述教育问题时，就必然要涉及与我们一生的生活有关的问题，例如人和自然环境、社会环境的关系，和家庭、国家的关系，和宗教的关系，等等。书中的论点，就是围绕着这些关系展开的。

卢梭在《爱弥儿》中表述的思想，有许多至今仍然被人们看做现代教育的基本原理。例如他主张尊重儿童对他周围世界的看法、教师要帮助儿童享受童年的快乐与天真等；他说，"儿童是有他特有的看法、想法和感情的；如果想用我们的看法、想法和感情去代替他们的看法、想法和感情，那简直是最愚蠢的事情"（第91页）。

书中的有些论点是十分激进的，例如第3卷谈到老师为什么要他的学生学一门手艺时，其言论便远远超过了18世纪传统教育的范围。他说:"你想依赖现时的社会秩序,而不知道这个秩序是不可避免地要遭到革命的……危机和革命的时代已经来临。"(第260页)对于这段话,他还特意加了一个脚注:"我认为,欧洲的几个大君主国家是不可能再长久延续下去的;它们都曾经兴盛过一个时期,盛极以后就要开始衰败的。"① 在18世纪绝对君主专制的法国,发表这样大胆的言论,是要触怒当局、遭遇风险的。没有洞察事物本质的观察力,是见不及此的;没有高度的社会责任感,是不敢言此的。

把国王的塑像推倒在地(原图载法国《世界报》1988年1月28日)
"我认为,欧洲的几个大君主国家是不可能再长久持续下去的。"

---

① 正因为如此,所以卢梭没有像孟德斯鸠那样主张君主立宪制,也没有像伏尔泰那样主张开明君主制,而是主张民主共和制。

下 篇

教育是百年大计

可以肯定的是，人民归根结底总是政府想使他们成为什么样的人，他们就成为什么样的人：政府想使他们成为好战的军人、公民或一般的普通人，他们就成为好战的军人、公民或一般的普通人；政府若一时高兴，想使他们成为无知无识的群氓或恶棍，他们也只好成为无知无识的群氓或恶棍。[①]

——卢梭

卢梭在他的《论人与人之间不平等的起因和基础》这篇论文中追溯了人类从处于自然状态的原始人进化为社会状态中的文明人的历史过程。这一过程是漫长的和痛苦的，最后的结局是人类愈来愈深地跌入社会化陷阱。在社会制度的束缚下，人被败坏了，失去了他原本的天性。在文明社会中，如何才能抵抗腐败的社会风气的浸染，保护自己的天性，成为贤明和有道德的人呢？《爱弥儿》要论述的就是这个问题。

——著者

---

① 卢梭：《政治经济学》，第69页。

一、《爱弥儿》中的几个基本论点和教育原理

卢梭在《爱弥儿》的序言中说：他这本书"是为了使一位善于思考的贤良的母亲看了高兴而写的"（第1页）。这位"贤良的母亲"，指的是德·舍农索夫人。这位夫人鉴于自己的丈夫所受的教育"非常糟糕"，为了不让自己的儿子也去受那种教育，便请卢梭替她拟定一套教育她的儿子的办法。这是1756年的事。卢梭说，他开始只是想写一篇短文，但他所论述的问题却不由他不"一直写下去，所以在不知不觉中这篇论文就变成了一本书"（第1页）。

在18世纪，法国的教育状况令人十分忧虑，大部分公立学校都掌握在耶稣会教士手里。他们把自然科学及哲学等人文科学排除在教学内容之外，认为这类知识是有害于宗教信仰的；他们教导学生要敬畏宗教和遵守现有的政治秩序，因此，在教学方法上注重死记硬背而不培养学生的思辨能力和批判精神。卢梭不赞同这种"把人像练马场的马那样加以训练"的教育方法。他在《致巴黎大主教博蒙书》中指出："公立的学校教育有两个无法克服的大缺点：一个缺点是，施行这种教育的人的观念是错误的；另一

罗伯斯庇尔

"罗伯斯庇尔被称为卢梭的弟子……'我们必须把头颅献给共和国',这样说着的罗伯斯庇尔不管他犯了什么错误,他并没有辜负那个先生。"(巴金:《卢梭与罗伯斯庇尔》,《巴金选集》卷13,第552—553页)

个缺点是学生对这种教育的接受是盲目的。"[①] 当时分卷出版的《百科全书》,1762年以前出版的几卷曾用相当多的篇幅载文讨论教育制度上存在的这些缺陷;大多数作者对公立学校的教育持否定态度,极力主张采用家庭式教育。正如我们在本书上篇第二部分所说的,卢梭在学校式教育和家庭式教育之间经过一番考察之后,最终选定了家庭式教育。不过,他的主张比《百科全书》派的作者们的主张更为彻底:《百科全书》派的作者们认为,教育的目的应当着眼于培养学生将来为社会服务的技能;而卢梭认为,教育的目的首先是要把学生培养成"人",而不在于培养他去适应他将来所处的社会地位,他说,"从我的门下出去"的人,在任何情况下,他都能尽到做人的本分。

他设想了一个名叫"爱弥儿"的学生做他实行的教育模式的范例。作为老师,他和他的学生爱弥儿的关系是建立在友谊和自

---

① 《致巴黎大主教博蒙书》(1762年11月)。见《卢梭全集》第4卷,第968页。

由的基础上的。他不硬要他的学生读这样或那样的书，也不要求他的学生做这样或那样的功课。他和学生一起做游戏，和学生一起分享快乐①，也和学生一起分担劳苦。他和他的学生"并不是互相依赖，而是相处得非常和谐，我们跟任何人都不曾像我们两人在一起这样的友爱"（第204—205页）。他从来不对他的学生使用强制性的权威；他不像有些教师那样对学生摆出一副老师的架子，好像老师事事都比学生高明；他认为老师和学生之间应该是平等的。他告诉当老师的：

> 不仅不能这样地损伤青年人的勇气，反而应该不惜一切力量提高他们的信心，要使他们同你并驾齐驱，以便使他们能够变成同你相匹敌的人；如果他们现在还达不到你这种水平，你自己就应当毫不犹豫、毫不怕羞地下降到他们那样的水平。你要知道，你的体面不在你自己身上，而在你的学生的身上；要纠正他们的过失，就必须分担他们的过失；要洗雪他们的耻辱，就必须承受他们的耻辱。（第346页）

卢梭告诉人们：对于学生，我们应当按照"他的年龄对待他"，而不能把他看做大人。从古希腊继承下来的传统教育方法，

---

① 后来，爱弥儿在写给他的老师的信中回忆他童年时候所受的教育时说："我整个的童年时期是过得挺愉快的，是在自由、欢乐和天真无邪的状态中度过的；我所受的教育同我的游玩从来没有分开过。所有的人回想起他童年的快乐时候都是感到很甜蜜的，然而，说到在甜蜜的回忆中想不出任何一件伤心的事情的，也许只有我一个人。"（第743页）

总是像教育成人那样教育孩子。卢梭认为这种方法是错误的,他说:"我们对儿童是一点也不理解的:对他们的观念错了,所以愈走就愈入歧途。最明智的人致力于研究成年人应该知道些什么,可是却不考虑孩子们按其能力可以学到些什么,他们总是把小孩子当大人看待,而不想一想他还没有成人哩。"(第2页)

从这个认识出发,卢梭在《爱弥儿》中提出了"消极的教育"的概念,这是卢梭教育理论中最重要的原理之一。然而正是这一原理受到许多人的非议,认为这种方法等于是放任自流,对儿童什么知识都不教,白白浪费了他们许多宝贵的时间。对于人们的责难,卢梭是这样回答的,他说,从出生到12岁"是人生当中最危险的一段时间",在这段时间的教育——

> 应当纯粹是消极的。它不在于教学生以道德和真理,而在于防止他的心沾染罪恶,防止他的思想产生谬见。……如果你能够把你的学生健壮地带到十二岁,这时候,即使他还分不清哪只是左手哪只是右手,但你一去教他,他的智慧的眼睛就会向着理性睁开的;由于他没有染上什么偏见或习惯,因此在他身上不会有什么东西能够抵消你的教育的效果。他在你的手中很快就会变成一个最聪明的人;你开头什么也不教,结果反而会创造一个教育的奇迹。(第96页)

消极的教育立论的出发点是:孩子们天生都是好的。因此这种教育的要点是防止社会的恶劣风气败坏孩子纯洁的天性。有些人错误地认为,要实现这一点,就要营造一种与外界完全隔离的环境，老师像学监似的不让他的学生与外界接触，让学生处于蒙昧无知的状态。完全不是这样的。卢梭深知，使孩子处于与外界绝对隔离的状态，是根本不可能的[①]，因此，他不仅没有使爱弥儿与外界隔离，相反，他还经常让他与年龄和他相仿的孩子一起做游戏，和成年人相接触，我们在本书中篇第二部分提到的爱弥儿和菜园主人罗贝尔在种蚕豆的问题上的那段对话，就是一例。

此外，消极的教育并不是对孩子一点知识都不教；它只是在孩子长身体的这段时间不教书本知识。卢梭嘲笑那些冬烘先生硬要学生"记住什么国王的名字、年代、谱系、地球仪和地方名称，或者记住那些对他这样年纪的人来说既毫无意义，而且对任何年纪的人来说也没有一点用处的词句"（第127页）。与传统的教育方法相反，爱弥儿的老师教的都是一些有用的知识。我们在中篇第三部分描述的老师与学生一起在树林中研究太阳的投影和定方位的方法这个小故事，便很生动地说明老师不是通过书本教学生知识，而是在和学生一起观察自然界的事物的过程中让学生自己去发现有用的知识，自己去解决所遇到的问题。他提醒当老师的：在任何情况下都不要用老师的权威去代替孩子的思考——"首先，你要记住的是，不能由你告诉他应当学习什么东西，要由他自己希望学什么东西和研究什么东西；而你呢，则设法使他了解那些东西，巧妙地使他产生学习的愿望，向他提供满足他的愿望的办法"（第236页）。在老师的启发下，爱弥儿将一点一点地积累他

[①] 卢梭说："要在社会当中把一个孩子一直带到十二岁都不使他对人与人的关系和人类行为中的是非有一点儿概念，我认为是不可能的。"（第102—103页）

自己的一套诸如天文学、物理学和化学的知识；他将在游戏中学会测量距离的方法。他的知识不多，但他所有的知识每一样都是他自己从经验中得来的；他的聪明表现在他的健全的判断力，而不表现在能背诵课文和记住多少书上的词句。老师将利用学生从出生到 12 岁这 12 年时间观察孩子，发现他真正的天资，然后采用适当的方法教育他。

二、政治教育从尊重人格开始

卢梭对古希腊哲学家柏拉图是很赞赏的,他曾称赞道:"柏拉图的《理想国》,这本著作,并不像那些仅凭书名判断的人所想象的是一本讲政治的书;它是一篇最好的教育论文。"(第11页)如果说卢梭对柏拉图的《理想国》这句赞美的话说得不错,那么,我们也可以像卢梭那样,从对他的《爱弥儿》的阅读中得出结论说:他这本书,我们不能因为它的副标题是"论教育"就认为它是一本只讲教育的书,其实,这本书不仅是讲教育的,同时也是一本很好的政治读物。

政治和教育是分不开的。任何一种政治学说或政治制度,如果不考虑组成政治社会的人的教育问题,都是不完善的。没有良好的教育,就没有道德高尚的人;没有道德高尚的人,就不可能产生有政治素养的公民;没有有政治素养的公民,就不可能建立公正、和谐的社会秩序。这个道理,是最简单明了的。

人们不难发现,在《爱弥儿》中,卢梭从爱弥儿出生之时起,就开始实行既把孩子培养成人又把孩子培养成公民的政治教育了①。

对爱弥儿的政治教育,是按照孩子成长的自然进程进行的。老师首先注重的,是锻炼孩子的身体,使他有一副强健的体魄②,然后训练他的感官,培养他的推理和判断能力,使他树立正确的道德观念、宗教观念和公民意识,成为一个身体强壮、思维敏捷和具有政治洞察力的公民。

即使是政治教育,老师也从来不采取说教式的方法教育孩子。他首先尊重孩子的人格,让孩子享受充分的自由,培养他的自尊心,让他做自己的主人。

卢梭告诉人们:要按照"学生的年龄去对待他。……千万不要对他采取命令的方式,不论什么事情,都绝对不能以命令从事。也不要使他想象你企图对他行使什么权威"(第92页)。

从爱弥儿的童年时候起,老师就注意培养他具有凭自己的力量实现自己意志的信心,因为:

> 只有自己实现自己意志的人,才不需要借用他人之手来实现自己的意志;由此可见,在所有一切的财富中最为可贵

---

① "人的教育在他出生的时候就开始了……"(第48页)作为老师,卢梭的第一个举措是,不给新生的婴儿裹上襁褓。"人生来是自由的,但却无往不在枷锁之中",就连婴儿也不例外。要改变这种状况,就要从人初生之时做起。老师让爱弥儿一生下来就享受自由,不受襁褓束缚之苦。这个行为在今天看来是微不足道的,但在18世纪的法国,却是一个大胆的行为,其意义远远超出了育儿的范围;它实际上是一个摧毁旧制度的象征性行动。
② "如果你想培养你的学生的智慧,就应当先培养他的智慧所支配的体力。"(第137页)

的不是权威而是自由。真正自由的人，只想他能够得到的东西，只做他喜欢做的事情。这就是我的第一个基本原理。只要把这个原理应用于儿童，就可源源得出各种教育的法则。（第80—81页）

不言而喻，在让孩子充分享受自由的同时，也要防止孩子滥用自由，以免养成一副乖戾任性的坏脾气。

> 让他自己支配他的意志，就绝不会养成他乖戾的性情。由于他做的都是适合于他做的事情，所以不久以后他就能做他应当做的事情；尽管他的身体在继续不断地运动，然而一旦涉及他现实的利益，你就会看到他将尽量地发挥他的理智，而且发挥的方式远远比单纯地凭空研究还好得多。（第142页）

卢梭提醒人们：

> 如果老是由你去指点他，老是由你告诉他"来呀，去呀，休息呀，做这个，不做那个呀"，结果，你用这个方法的确是会使他变成一个傻子的。如果你的头脑常常去指挥他的手，那么，他自己的头脑就会变得没有用处。（第138页）

在政治教育方面，培养孩子凭自己的力量实现自己的意志，这固然很重要，但卢梭告诉人们，在童年时期，应当使孩子"具备的头一个观念，不是自由的观念，而是财产的观念"（第103—

104页），因为"财产权是公民所有的一切权利中最神圣的权利；它甚至在某些方面比自由还更为重要"[①]。如何培养孩子的财产观念？我们在本书中篇·二通过爱弥儿与园主罗贝尔的对话叙述过了；这段对话的全文见《爱弥儿》第105—106页。卢梭说他在书中"用两页文字阐述的事情，也许实际做起来就要花一年的功夫；因为在培养道德观念的过程中，是不能怪我们走得太慢，不能怪我们每一步都走得太稳的"（第106—107页）。

与财产观念相联系的，是平等观念。自从文明社会中出现私有财产以后，随之就出现了有财产的富人和没有财产的穷人[②]贫富的差距，导致人的社会地位的不平等。这是造成社会动荡的一大原因。社会动荡的结果，必然使人的社会地位发生变化，富人将变成穷人。这一点，爱弥儿的老师看得很清楚，因此，他要求他的学生打破门第观念[③]，去学一门手艺，以便将来无论他的社会地位发生怎样的变化，他都有一门凭劳动谋生的本领。他让他的学生到工场去跟师傅学习，当一名工人。"爱弥儿做了工人之后，不久就会体验到他起初还只是约略见到的社会上的不平等。"（第275页）他思考这个问题，发现，"在自然的状态下，是存在着一种不可毁灭的真实的平等的"（第328页），而在文明社会中，人与人之间的平等是"协定的"，这种"协定的平等，跟自然的平等迥然不同，为了要实现这种平等，就需要有成文法，也就是说需要有

[①] 卢梭：《政治经济学》，第82页。
[②] 参见卢梭：《论人与人之间不平等的起因和基础》，第一和第二部分。
[③] 他的学生出生在一个富有的名门。卢梭认为，在学生的选择方面，"我们要选择一个富有的人；我们深信，这样做至少是可以多培养一个人的"（第32页）。

政府和法律"（第252页）。

什么叫政府？什么叫法律？爱弥儿目前还不甚了了。"一个孩子对政治的知识应当简单而明了；由于他对产权已经有了一些观念，所以，他只应该在牵涉到产权的时候才泛泛地知道有政府。"（第252页）而要详细知道，还须等到他长大成人以后，下一番功夫实地考察各国的政治制度，才能对不同形式的政府获得深入的了解。

为此，老师向爱弥儿提出这样一个建议，他说："让我们从现在起，花两年的时间去游历①，等你游历回来以后才在欧洲选择一个可以使你和你的家人幸福生活的地方。"（第703页）

在游历过程中，爱弥儿发现，各国的政府大致有三种不同的形式：民主制政府、贵族制政府和君主制政府。"每一种形式的政府都可以在某种情况下成为最好的政府，而在另外一种情况下又成为最坏的政府"，由于"各个国家行政官的人数应当同公民的人数成反比"，所以，"一般地说，民主制政府适用于小国，贵族制政府适用于中等国家，而君主制政府则适用于大国"。卢梭认为，"根据这样一个探讨的线索"（第716页），公民的权利和义务问题就容易解决了。

对各国的政府经过一番研究之后，老师问爱弥儿打算怎样办。爱弥儿回答说："我要按照你对我的教养做人，除了大自然和法律的束缚以外，就不再给自己戴上任何枷锁。……我要坚定地按我的本分行事。不论我是穷是富，我都要保持我的自由。我不只是

---

① 关于爱弥儿和他的老师游历欧洲各国的经过，请参见本书中篇·五·5。

在这样的国家和这样的地方才过自由的生活,我在世界上的任何一个地方都要这样。"(第726—727页)

对于爱弥儿的回答,老师感到很满意,他说:在爱弥儿还未开始到欧洲各国游历以前,他"已经知道这一番游历将产生什么结果了"(第728页)。

爱弥儿和他的老师的这次欧洲之行是成功的。这次成功,反映了老师对学生的前期教育方法是正确的,为学生以后的政治教育打下了坚实的基础。

此外,我们细读原书第5卷,对他们的成功并不感到意外,因为他们这次游历,目的是明确的,是有鲜明的意图的;不但目的明确,而且采用的方法也非常切合实际。

谈到方法,我们不能不提到书中描写的一个细节。在爱弥儿即将远行之前,他的老师要他去向苏菲道别:"必须使苏菲对我们的走在思想上有一个准备。……我们应当对她们做一番安排"(第687页)。老师要他们两人互相赠送一本书。他要求苏菲送爱弥儿"一本《太累马库斯奇遇记》,使他可以学一学太累马库斯的样子"(第689页)。

他为什么要苏菲送爱弥儿这本书呢?这本书是何人所作?书中记述了些什么内容?

《太累马库斯奇遇记》的作者名叫费讷龙,于1651年出生在一个虔诚的天主教家庭;1689年他被选为法王路易十四的孙子布尔戈涅公爵的师傅。《太累马库斯奇遇记》就是他担任师傅期间专门为他的学生布尔戈涅公爵"看了消遣"而写的小说。

其实,这本书不是什么消遣的小说,它"实际上是一部'政治教材'，取材于荷马史诗《奥德赛》，以特洛伊战争之后太累马库斯去寻找其父尤利斯为线索，记述沿途见闻。这部看似神话故事的作品，明眼人一看就知道，是在讽喻朝政，讥刺时弊"①。路易十四不久就察觉到这部书的讽喻意味，于是立即解除了它的作者费讷龙在宫中担任的职务。

《太累马库斯奇遇记》的笔调十分犀利，对专制的政治制度和腐败的社会风气的批评毫不留情。举个例子如下：

> （老师门特告诉他的学生：）太累马库斯，你要记住，在治理国家方面，有两个难以医治的弊病：一个是国王的滥用权力，另一个是败坏风气的崇尚奢侈。如果国王不尊重法律，以自己的绝对意志代替法律，自己想怎么做就怎么做，而不受任何节制的话，他就可以为所欲为。然而，正是由于他能为所欲为，反而会削弱他的权力的基础。他治国没有一定的准则，一切不按规章行事，人民只好顺从。这样一来，他便失去了人民，剩下的只是他身边的奴隶，而且，就连奴隶的人数也越来越少，谁愿意对他说真话呢？……
>
> 另一个祸根就是崇尚奢侈，这个祸根几乎是无法铲除的。正如过大的权力会败坏国王一样，奢侈成风将败坏一个国家的人民……它是一种传染病，已经从国王一直传染到最下层的市井小民。王亲贵戚模仿国王的豪奢，当官的又模仿王亲贵戚，中等人家要向上等人家看齐，这样下去，伊于胡底？②

---

① 《法国散文精选》，第64页。
② 《老师论治国之道》，见《法国散文精选》，第69—72页。

从这两段话可以看出，书中不是在描写情节浪漫的"奇遇"，而是在揭露和鞭笞国王和在他治理下的糜烂的社会风气。

读了这两段话，人们就不难明白卢梭所说的"我叫他（爱弥儿）阅读《太累马库斯奇遇记》，走太累马库斯所走过的路"（第718页）这句话包含着什么政治含义；他对爱弥儿的政治教育的实施，心中早已经有一个大概的方案了。

三、道德教育　步武先贤

1738年，26岁的青年卢梭写了一首抒怀言志的长诗，题名《华伦男爵夫人的果园》，诗中除赞美果园的宁静和简朴生活的乐趣以外，还总结了他的学习心得，提到他曾经读过的书和作者对他影响的地方有30余处之多：古希腊的哲学家苏格拉底和柏拉图及政治家卡托，法国的道德学家蒙台涅和拉布吕耶尔、哲学家笛卡尔和帕斯卡尔，荷兰的数学家纽文提特和希腊的数学家阿基米德，法国的天文学家卡西尼和拉西尔、诗人贺拉斯和拉辛、古文物学家雅各布·斯朋、修辞学家夏尔·罗兰，英国的物理学家牛顿和政治学家洛克，等等，在他的诗中都得到了赞扬，卢梭用他们做榜样来砥砺自己。

卢梭对道德高尚和学识渊博的人的仰慕，后来在他的《忏悔录》中表述得尤为清楚，他说他涉猎过勒絮尔的《教会和帝国史》、博絮埃的《世界史讲义》和纳尼的《威尼斯史》，还读过普鲁塔克的《名人传》、奥维德的《变形记》、拉布吕耶尔的《众生相》和封特奈尔的《关于宇宙多元性的谈话》。他说他尤其喜欢读普鲁塔克的《名人传》；他对这位作家的作品竟喜爱到这种程度①——他说："我把我自己比作我所阅读的传记中的人物，传中描写的坚忍不拔的精神和勇敢果断的行动，简直把我激励得竟眉飞色舞地高声朗读起来。"②

这是卢梭自述的他青少年时期修身的故事。

他后来撰写《爱弥儿》，作为爱弥儿的老师，他又是如何对他的学生进行敦品励行的道德教育呢？

对爱弥儿的道德教育，他也采取了他青少年时期所采取的办法：他让他的学生多读前人的著作和古代的史书。他认为，用这个办法可以使学生站在一定的历史的时空之上，冷眼旁观，不偏不倚地观察和评论史书中记载的人物的言行和事实发展的真相，从中吸取有益的教训，鞭策自己。③

他之所以这样做，不是出于对古人的偏爱，而是因为他认为古人比今人更接近自然状态，他们的心灵更天真，"古代的人个个都受到了人类智慧所能达到的最高程度的美德的熏陶"④，古代的民风更朴实，社会中的不平等现象没有今天这么严重，尤其是他们在人类历史上创造了城邦式的政治社会，为后来的共和制政治制

---

① 后来，卢梭在他晚年撰写的《一个孤独的散步者的梦》中再次提到了普鲁塔克的著作对他的影响，他说："在我现今还偶尔阅读的少数几本书中，普鲁塔克的作品是我最喜欢的和受益最多的书。它是我童年时候阅读的第一本书，也是我晚年阅读的最后一本书。可以说只有这位作者的书，我没有一次阅读是没有收获的。"（《卢梭散文选》，第78页）
② 《忏悔录》，第1卷，第11—12页。
③ 请参见本书中篇·四·2"现在到讲历史的时候了"。
④ 《卢梭散文选》，第266—267页。

度提供了可资借鉴的典型。

1751年卢梭写了一篇短文，题名《斯巴达和罗马这两个共和国的比较》，他在文中谈到了他读史的经验和史书与其他历史文献的教育意义，他说：

> 史书可以补小说之不足，使读者从史书中获得从小说中得不到的教益；把史事和英雄人物的事迹结合起来，便可取得彼此辉映和相得益彰的效果。对历史上的人和事做这么一番比较研究，就可以更好地分析哪些事情是命运使然，哪些事情是由于人行事明智而人定胜天。当我们把人和民族加以对照研究的时候，一切都可看得清清楚楚：这个人或这个民族犯的错误，突出表明另一个人或另一个民族很聪明，没有犯那些错误。我们从他们的优点和缺点中都可受到教育。①

不过，他提醒人们：

> 历史所描述的是动作而不是人，因为它只能够在几个选定的时刻，在他们衣冠楚楚的时候，抓着他们的样子来描写；它所展示的，只是经过事先的安排而出现在公众面前的人……（第334—335页）

那么，应当怎样研究人呢？卢梭认为应当研究人的心，研究

---

① 《卢梭散文选》，第266—267页。

人的行为的动机，要观察他的个人生活："这样一来，那个人要逃也逃不掉了；历史学家到处都跟踪着他，不让他有一会儿喘息的机会，不让他躲在任何角落里逃避观众的锐利的眼睛；正是当他自以为躲得很好的时候，历史学家反而把他看得清清楚楚。"（第335页）

当我们到了研究人的心，研究人的行为的动机的时候，"我们便进入了道德的境界"。在这里，卢梭告诉我们人的心灵活动将产生怎样的效果，善和恶的观念将怎样形成。他说：

> 我们刚刚以成人的步伐走了第二步路。如果现在的时机恰当的话，我就试想指出从心灵的最初的活动中是怎样产生良心的真正呼声的，从爱和恨的感情中是怎样产生善和恶的观念的。我将阐明"正义"和"仁慈"不仅不是两个抽象的词，不仅不是由智力所想象出来的纯粹道德的概念，而且是经过理智的启发的真正的心灵的爱，是我们的原始的情感的循序发展；我将阐明，如果单单通过理智而不诉诸良心的话，我们是不能遵从任何自然的法则的；如果自然的权利不以人心自然产生的需要为基础的话，则它不过是一种梦呓。（第326页）

从这段话中可以看出："心灵的最初的活动"是我们以成人的步伐走的第一步路，"进入道德的境界"是第二步路。没有心灵的活动，就没有道德观念的产生，良心是"圣洁的本能"。不过，如果没有"心灵的活动"和理智的启发，它将永远处于休眠状态。

我们对幸福的追求，反映了我们对善行的爱，由此可见，"正义"和"仁慈"不是含义空洞的词，它们是人类通过理智和抽象思维概括出来的最原始的道德观念，它们不是外界强加在我们身上的法则，而是我们内在的情感：培养这种情感，是一切道德教育的基本任务。

道德教育是艰辛的和长期的工作。对爱弥儿的道德教育，从他的童年时期就开始了。童年时期的道德教育和青年时期的道德教育是不可分割的：前者是后者的基础，后者是前者的继续。

在爱弥儿即将告别童年的时候，老师对他的道德教育说了如下一段总结性的话，他说：

> 你发现他（爱弥儿）也有一些关系到他目前状况的道德概念，但关系到成人时候的道德概念，则一个也没有。既然一个小孩子还不是社会中的活动分子，那么，这些概念对他们有什么用处呢？向他讲自由、财产以及契约，他也懂得；他知道他的东西为什么是他的，不是他的东西为什么不是他的；超过这一点，他就不明白了。同他谈到义务和服从的时候，他听不懂你说的是什么意思；你命令他去做事情，他是不理睬你的；可是你对他说："如果你把这件事情做得令我满意的话，我有机会也要做得令你满意的"，他立刻就会想法子做得使你满意，因为，他觉得，能扩大他的活动范围，能从你那里取得不可破坏的权利，是再好不过的事了。也许，他也不会拒绝你让他占一个位置，充一个数，当作人物看待；但是，如果他有最后这个动机的话，可见他已经是脱离了自

然,你没有堵好所有一切虚荣的关口。(第206—207页)

事实上,要堵住的关口,不止是虚荣,还有忌妒、怯懦、自私、贪婪等等人性上的弱点,都是道德教育应当关注的内容,关好这一切有害的毒素进入心灵的大门,才能使青年人在进入社会之后,在复杂的社会环境里健康成长。

四、美学教育 取法自然

美学教育和道德教育是有关联的,然而在文章的布局上,卢梭并没有把叙述美学教育的文字(第500页及以下各页)紧接在道德教育(第326页及以下各页)之后,而是在这两部分文字之间插入了一个谈论宗教问题的《一个萨瓦省的牧师的信仰自白》(第369—457页),这是为什么呢?细读原书,我们发现,美学教育要取得良好的效果,不仅需要有良好的道德素养,而且还需要有良好的宗教思想[①],两相配合,给美学教育以正确的导向,美学教育才能朝着健康的方向发展。

同道德教育一样,对爱弥儿的美学教育也是从童年开始的。在《爱弥儿》第2卷中,有一段文字叙述老师在美的鉴赏方面是如何对学生进行启蒙的:

> 如果一位教图画的老师只知道拿一些仿制品来教他描画,

---

① 在卢梭所处的18世纪,宗教思想渗透到各个领域,美学也不例外,绘画、雕塑和建筑等等,无不受其影响。

只知道教他照着图画来画，那么，我是不愿意请这位老师来教他的；我希望他的老师不是别人，而是大自然，他的模特儿不是别的，而是他所看到的东西。我希望摆在他眼前的是原件而不是画在纸上的图形；我希望他照着房子画房子，照着树木画树木，照着人画人，以便养成习惯，仔细地观察物体和它们的外形，而不至于老是拿那些死板板的临摹的绘画当作真实的东西来画。我甚至不愿意在他眼前没有那个东西的时候凭记忆来画，我要使他经过屡次的观察，把它们的正确的形象印在他的心中，以免拿一些稀奇古怪的样子去代替事物的真正形象，因而失去了比例的观念和鉴赏自然的美的能力。（第179页）

用绘画做爱弥儿的美学教育的启蒙课，这是好办法之一，因为它不仅涉及手眼并用——用眼睛观察和用手描绘，而且还涉及如何欣赏的问题。在这一点上，卢梭说他是这样引导学生的：

我给我们最初画的那几幅最简单的图画装上亮晃晃的金边框子，以便使它们看起来比较美观；但是，当我们照着实物画得越来越像，而且确实是画得很好的时候，我反而只给它装一个简单的黑色框子，因为它本身已经很美，不再需要别的装饰，而且，要是让框子分去了人们对图画应有的注意，那是一项损失。所以，我们每一个人都以得到简朴的框子为荣；当一个人看不起另一个人的图画时，就说应该给它装上金框子。也许，几天以后，这些金框子就在我们之间成了笑

柄，而且，我们也希望许多人都采用这种按图画的好坏装配框子的办法去评判他们自己的装饰。（第181页）

老师给爱弥儿上的美学教育入门课，是很有趣的。可是现在爱弥儿已不是儿童，他已经一天天长大成人，对他的教育方法就必须随之改变，和从前有所不同：

> 他从前在读历史的时候是根据人的欲念去研究人的，而现在进入了社会，他就要根据人的风尚去研究他们了，他将时常对人们所喜悦或厌恶的风尚进行思考。现在，他要对人类审美的原理做哲学的研究，他在目前这个时期正是适合于做这种研究的。（第500页）

卢梭把"对大多数人喜欢或不喜欢的事物进行判断的能力"称为审美力（第500页），他认为审美力是听命于本能的："审美的标准是有地方性的，许多事物的美或不美，要以一个地方的风土人情和政治制度为转移；而且有时候还要随人的年龄、性别和性格的不同而不同。"（第501页）"审美力是人天生就有的，然而并不是人人的审美力都是相等的，它的发展的程度也是不一样的；而且，每一个人的审美力都将因为种种不同的原因而有所变化。一个人可能具有的审美力的大小，是以他天赋的感受力为转移的；而它的培养和形式则取决于他所生活的社会环境。"（第501页）这就是说审美力的大小取决于社会风气：良风美俗是培养健康的审美力的土壤；反之，如果社会奢侈成风，风气败坏，那就会导致审美力的败坏。这一点，卢梭早在1750年发表的《论科学与艺术的复兴是否有助于使风俗日趋纯朴》这篇论文中就说过了，他说："风气败坏（这是奢侈造成的必然后果）必将导致审美力的败坏。"

卢梭告诉人们：人为的美和天然的美的区别在于"人做的东西中所表现的美完全是摹仿的。一切真正的美的典型是存在在大自然中的。……世人所谓的美，不仅不酷似自然，而且硬要做得同自然相反。这就是为什么奢侈和不良风尚总是分不开的原因。哪里崇尚奢侈，哪里的风尚就很糟糕"（第502页）。

老师对爱弥儿的美学教育，就是围绕着这几个基本论点进行的。

卢梭把对美学的探讨和对审美力的培养贯穿在日常生活中。从书中可以看到，他追求的是一种伊壁鸠鲁式的享乐主义和朴素的自然主义相结合的生活方式和生活情趣。他说他"时时刻刻要尽量地接近自然，以便使大自然赋予我的感官感到舒适，因为我深深相信，它的快乐和我的快乐愈相结合，我的快乐便愈真实"（第509页）。

"在享乐方面，我跟他人不同的是：我好声色而不好虚荣，我要尽情地讲求舒适的享受而不炫耀于浮华的外表。我甚至不好意思向人家显示我的富有，我好像时时刻刻都听见那些不如我阔绰的人在妒忌我，悄悄地向他们旁边的人说：'瞧那个家伙，他生怕人家看不出他很阔气。'"（第509页）

他还说他如果富有的话，他将把他的财富首先用来买闲暇和健康。由于要买健康，就必须节制欲念，因此，他要节制他的肉欲。

在饮食方面，他说："如果我想尝一尝远在天边的一份菜，我将像阿皮希乌斯那样自己走到天边去尝，而不叫人把那份菜拿到我这里来，因为，即使拿来的是最好吃的菜，也总是要缺少一种调料的，这种调料，我们是不能够把它同菜一起端来的，而且也是任何一个厨师没有办法调配的：这种调料就是出产那种菜的地方风味。"（第510页）

在住的方面，他说他不愿意修一座宫殿来做他的住所，因为"大厦千间，夜眠不过八尺"（第512页），"尽管房子大，但没有多少人住，没有多少东西放，对我又有什么用处呢？"（第513页）

他反对赌博，因为赌博是"那些没有事干的人消遣的玩意儿……我没有时间拿去搞这种坏事情"（第513页）。

在衣着方面，他说他从来不用那些杂七杂八的装饰品。为了在人群中尽量保持他的自由，他穿的衣服要使各种身份的人看来都适合他的地位，而不显得特殊。他说这样就可使他"省得装模作样地做作一番，既可以在酒吧间里同普通人厮混，也可以在宫廷中同贵族们周旋"（第514页）。

他的生活理念是随遇而安，他说："我到了一个环境，就过那个环境的生活而不问其他的环境如何；我每一天都按当天的情况去做，好像它同昨天和明天毫不相干似的。正如我以一个普通人的身份同普通人混在一起一样，我一到了田间就要像一个农民，谈起庄稼活儿来，不会在庄稼人面前闹笑话。"（第519页）

最后要提到的是，卢梭主张有快乐就要和大家分享，因为"排除他人而独享乐趣，反而会使乐趣化为乌有。只有同人家分享的快乐，才是真正的快乐"（第523页）。

五、需要注意的是他说话的动机

语言是人与人之间交流思想的工具之一;它的运用和表达能力的培养,与道德教育和美学教育有密切的联系。"我们所有的一切语言都是艺术品。长期以来,人们就在探寻是不是有一种人人共同的自然语言。毫无疑问,这样一种语言是有的,那就是孩子们在懂得说话以前所用的语言。"(第53页)这种语言不是别的,它是孩子的哭声。当他感到不舒服时,就用哭声呼唤他周围的人去帮助他解除痛苦。我们对初生的婴儿进行研究,就会发现他们是能听懂他们的母亲或乳母所说的话的。不过,他们听懂的,不是她们所说的字眼,"而是伴随这些字眼的声调"(第53页)。"腔调是我们所谈的话的灵魂,有了它,所谈的话才动人和真实。"(第65页)[①]

声调不仅能表达肉体的痛苦,它还能表达心灵的活动。婴儿一天天成长,长到少年和青年以后,他们说话的声调就有抑扬顿

[①] 参见本书中篇·一·4、5。

挫的变化,我们在他的谈话中能感到他心里的"那股热力";他"只需把他心中的感触如实地说出来就可以使听话的人体会到他的感情"(第355页)。

不过,卢梭提醒人们:"需要注意的,不是他所说的话,而是促使他说话的动机。我这句忠言,在此以前并不是一定要你们非采纳不可的,但是,一到孩子能开始运用理智的时候,就看出了它有头等重要的意义,不能不提请你们接受了。"(第224页)

还要注意的是:"切勿教孩子学会一套虚假的客气话,因为这种话可以让他在需要的时候当作咒语,使他周围的一切都听从他的意志的指挥。"(第84页)

卢梭批评那些有钱的人家"实行了过分讲究礼仪的教育,因此必然使孩子们变得怪文雅的,他们给孩子们规定了一套辞令,好让他们说得谁也不敢反对,因此,他们的孩子说起话来既没有求人的语气,也没有求人的态度"(第84页)。

卢梭说:"至于我,我不怕爱弥儿说话粗鲁,但是我怕他说话傲慢。……我所重视的不是他使用的措辞,而是他给那些措辞的含义。"(第84—85页)

有些人喜欢孩子嘴里的词儿多,说起话来咬文嚼字很动听。卢梭认为这是错误的。他主张"尽量限制孩子们的词汇",因为,"如果他们的词汇多于他们的概念,他们会讲的事情多于他们对这些事情的思想,那就是一个很大的弊病"(第68页)。爱弥儿没有这个缺点;他的词汇不多,但使用起来却很准确,用得正是地方。

爱弥儿"很少说话,因为他并不希望引起人家对他的注意。……爱弥儿教养有素,所以绝不会成为一个碎嘴子"(第493

页)。"一个有教养的人是不轻易炫耀他肚子里的学问的,他可以讲很多的东西,但他认为还有许多的东西是他讲不好的,所以他就闭着嘴巴不讲。"(第494页)

有些人以为夸夸其谈,口若悬河,是有口才的表现。其实不然,因为语言是用来传达感情的,只有说话朴实,才能打动人心;无论是书面语还是口语,都是这样:"这种朴实的方法现在只有在古人的著作中才能找到了。爱弥儿发现,古人的辩词、诗歌和各种各样的文学著作,也像他们的史书一样,既富于内容,而且还慎于下论断。"(第504—505页)卢梭举了两篇碑文为例来说明这个问题,其中一篇是这样写的:

过客啊,请停下来追思这位英雄。[①]

这块墓碑立于1645年,离卢梭所处的18世纪不远,可见撰写这篇碑文的人是一个近代人,有近代人好夸张的习气,所以在碑文中称墓主为"英雄"。卢梭对这种轻下论断的做法不以为然,他说:"当我在一个古代的墓碑上看到这个墓志铭的时候,我也许首先会把它当做当代的人写的。因为在我们这个时代,再没有什么东西比英雄更多的了,而在古人当中,英雄是很少的。他们不说一个人是英雄,他们只说明他做了些什么事情而成为这样一个人。"同上面那个英雄的墓碑相比,我们且看一看懦弱的萨德纳佩

---

① "这个墓志铭是为日耳曼的将军弗朗斯瓦·德·梅尔西作的;这位将军阵亡后,就埋在诺德林根的战场上。见伏尔泰:《路易十四时代》第3章。"(第506页注)

路斯[①]的墓碑：

> 余以一日之功而建塔尔斯与昂其耳二城，而今余身故矣。

对于这两篇碑文，卢梭问我们："哪一个墓碑的意味深长？我们的碑文，尽管洋洋洒洒地写了一大堆，其实是只适宜于用来吹捧小人的。古代的人是按照人的本来的面目来描写他们的，因此可以看得出他们确实是人。"（第505页）萨德纳佩路斯的碑文，见斯特拉波的《地理学》第14卷第5章。卢梭在这里只引了前半段叙述事实的部分，而略去了后半段表达人生感慨的文字。这篇碑文的全文是：

> 萨德纳佩路斯，阿纳森达腊克西斯之子也，仅以一日之功而建塔尔斯与昂其耳二城。过往诸君，且请畅饮饱餐，及时行乐，盖舍此数端，余皆弹指即过、不足挂怀之事也。（第506页）

文中只叙事实，对墓主毫无夸张溢美的词句，古人"慎于下论断"的文风，竟朴实至此！

[①] 萨德纳佩路斯，古亚述国最后一位国君。据说，他被米迪人的大军围困后，便先刺死其后妃，然后自焚。

六、寓言什么时候学才能产生积极的效果

拉·封登用诗体写的寓言，趣味盎然，寓意深邃，在法国家喻户晓，在文坛早有定评，但卢梭不赞成处于童年时期的孩子学，尤其不赞成要他们像背经文似的背诵那些诗句，他认为小小年纪的孩子不仅不能读懂寓言的教育意义，"反而使他学到了许多的坏毛病"（第128页），得到的效果是消极的。

这种同寓言作者的意图完全相反的情况，谁也不敢断言不会发生。怎样做才能避免呢？卢梭左思右想之后，提出了一个"两全其美的办法"，他说：

> 拉·封登先生，让我们商量一个两全的办法。我，我本人答应选读你的书，而且很喜欢你，要从你的寓言中受到教益，因为我相信我不至于误解它们的目的；至于我的学生，请允许我一个寓言也不让他去学；如果你要我叫他去学，那你就首先要给我证明尽管那些寓言中的事物有四分之一是他不懂的，但他学了还是对他有好处；证明他学习他可能懂得

的寓言时不会误解它们的意思,证明他学了以后不仅不会上人家的当,而且还不学歹人的样子。(第134—135页)

在这段话中,要注意两个词。一个是"我,我本人",指的是老师,即卢梭本人;另一个是"我的学生",指的是爱弥儿。前者是已经成年的大人,后者是尚未成年的儿童。一大一小,年龄不同,对寓言的领会是有很大的差异的:领会不同,产生的效果就不同。卢梭要说明的,就是这一点。

不言而喻,卢梭的这段话纯属戏言,因为他说此话时,拉·封登早已过世,尽管我们无法推断这位寓言作家将做出什么回应,但有一点是可以肯定的,那就是:在学了《乌鸦和狐狸》这篇寓言的孩子当中,难免个别儿童"误解寓言的意思",以致不仅一方面嘲笑乌鸦,说它愚蠢,上人家的当;而且,另一方面还特别喜欢狐狸,说它"聪明",三言两语就把乌鸦嘴里的奶酪骗到自己的嘴里。

为什么会这样呢?因为,正如卢梭所说的,"谁也不喜欢丧失自己的体面",像乌鸦那样当傻瓜,"他们想担任漂亮的角色",像狐狸那样当一个"聪明人"。这种角色上的选择,是很自然的,"但对孩子们来说,就是多么可怕的教育啊!"(第133页)

也许有人会问:卢梭是不是全盘否定拉·封登的寓言,拒绝用它们来做道德教育的材料呢?回答是否定的:不,他没有否定这位寓言作家的作品的教育意义;他只是认为"在现阶段还不太适宜"[①]。他主张把学习寓言的时间推迟到青年时期。那时候,孩子

[①] 参见本书上篇·三·2。

已开始运用他的理智,但还不完全成熟,因此,在观察和判断事物方面,难免犯错误,"犯错误的时候,正是可以用来讲寓言的时候"(第348页)。他说:

> 从来没有上过别人的吹捧的当的孩子,是不可能懂得我在前面所解说的寓言的①;可是,刚刚上过拍马屁的人的当的蠢孩子,就可以清楚地看出乌鸦的确是一个傻瓜。这样,经一事他就长一智,对一件事情的经验,他很可能不久就会遗忘,然而通过寓言,就可以刻画在他的心里。(第348页)

事实上,卢梭不仅把寓言推迟到孩子能运用理智的时候学,而且,正如我们在本书中篇几个章节所看到的,他把历史、道德、美学和宗教等需要抽象思维的学科,都推迟到青年时期学。

读者不难发现,卢梭对拉·封登的寓言发表的这些意见,是他对洛克的批评的延伸;他不赞成洛克所说的"用理性去教育孩子"(第89页),他说:

> 用理性去教育孩子,是洛克的一个重要原理;这个原理在今天是最时髦不过了;然而在我看来,它虽然是那样时髦,但远远不能说明它是可靠的……在人的一切官能中,理智这个官能可以说是由其他各种官能综合而成的,因此它最难于发展,而且也发展得迟;但是有些人还偏偏要用它去发展其

---

① 指《爱弥儿》第2卷中所评析的《乌鸦和狐狸》。

他的官能哩!一种良好教育的优异成绩就是造就一个有理性的人,正因为这个缘故,人们就企图用理性去教育孩子!这简直是本末倒置,把目的当作了手段。如果孩子们是懂得道理的话,他们就没有受教育的必要了……(第89—90页)

最后要提到的是,卢梭认为,"大多数寓言在结尾时候提示的寓意,是最空洞不过的,也是最为人们所误解的"(第349页)。它们会剥夺读者自己动脑筋去体会的乐趣。他希望人们把拉·封登的"寓言拿给一个青年人去阅读之前,把其中的结语都删掉",因为:"教育的艺术是使学生喜欢你所教的东西。为了使他对你所教的东西发生兴趣,那就不应该使他的脑筋对你所说的话是那样的默从,就不应该使他除了听你说话以外,便无事可做。做老师的固然应当自尊,但也要让学生的自尊心有发挥的机会,要让他能够说:'我想一想,我懂了,我看出它的意思了,我学会了。'"(第349页)

七、卢梭的宗教思想

> 我是基督徒，按照《福音书》上的教义来说，我的的确确是一个基督徒。我是基督徒，不过，我不是教士们的门徒，而是耶稣基督的门徒。
>
> ——卢梭《致巴黎大主教博蒙书》
> 1762年11月18日

宗教问题，是卢梭一生都在思考的问题之一。他在《爱弥儿》初稿本写作提纲的末尾说："最后论述祈祷。"[①] 这句话表明：从《爱弥儿》开始构思之时起，宗教问题便纳入了他所要论述的范围；宗教教育是他的教育思想体系的一个组成部分。

---

① 《爱弥儿》初稿本，即人们通常所说的《爱弥儿》法弗尔藏手稿本；文中的这句话，见《卢梭文集》，巴黎伽里玛出版社1969年版，第4卷，第60页。

1　迷途知返的羔羊又跑出了羊圈

一个人的思想成为有主导干线的体系，是由诸多因素所起的作用综合起来的结果；在这些因素中，尤以个人的生活经历和学识修养的积累与社会环境的影响这三者所起的作用最为重要。

卢梭的祖上原本是信奉基督教新教的法国人，因逃避法国政府和天主教会对新教徒的迫害①而逃到信奉喀尔文教义的日内瓦，到1712年让-雅克出生时，卢梭一家在日内瓦已定居100多年了。

18世纪，对新思想持宽容态度的自由基督教，已开始在日内瓦兴起，但清规戒律依然很多，这对童年的让-雅克影响很深，以致他一生都保持着清教徒式的思想意识和崇尚简朴的生活习惯。

1725年，12岁的卢梭被送到一个雕刻匠家当学徒。1728年3月14日他离开师傅家，在日内瓦周边游荡了几天之后，到孔菲涅翁去找德·朋维尔先生。此人是一个"善于把脱离基督教的人

巴黎高等法院1762年6月9日下达的逮捕令，缉拿《爱弥儿》的作者卢梭

---

① 在法国国王昂利二世在位年间，凡是信奉"异端邪说"的人，都将被判处火刑，活活烧死；这样严酷的刑罚，据说，是为了拯救他们的灵魂。

转变为天主教教徒"的专家，到他那里可以解决一日三餐的吃喝问题。果然，朋维尔对卢梭表示欢迎，并介绍他到安纳西去投奔虔诚的天主教徒华伦夫人。3月21日，卢梭与华伦夫人第一次见面，但不久，夫人就把他打发到都灵"给初学教理的人办的收容所"。于是，他由于"流落异乡，谋生无术，为了糊口就改宗他教"（第369页）。对于这段经历，他后来在晚年撰写的《一个孤独的散步者的梦》中是这样叙述的："我还是一个孩子，孤苦伶仃，受了他人亲切的表示的引诱，受了虚荣心的驱使，抱着不切实际的希望，并在生活的逼迫下，我改信了天主教。"[①]

卢梭在收容所待的时间并不长，他在《忏悔录》中说他待了两个多月，但收容所的记事簿上的记载是："让-雅克·卢梭4月12日进收容所，21日宣誓弃绝原来的宗教，23日受洗。"受洗之后，改宗的程序便算完毕，神甫对他说了几句训诫的话，便把他送出收容所的大门。这一下，他发现自己既成了一个叛教者，又同时成了一个受骗者，只好流浪在都灵街头。

1729年6月，他又回到了华伦夫人的家，夫人周围的人都说"这个孩子笨得像一头驴"，于是夫人在8月底或9月初，把他送到安纳西修道院院长主持的神学院去学习，培养他将来到乡下去当一名传教士。遗憾的是，他的学习成绩不佳，仅仅3个月，院长就灰了心，让他退学回家。他在神学院学习3个月的收获"只是带回来几页合唱曲的歌谱"。

1742年，他到了巴黎，与狄德罗一见如故，结成了朋友。

[①]《一个孤独的散步者的梦·第三次散步》，见《卢梭全集》，第1卷，第1013页。

1749年6月,狄德罗因发表《关于盲人的书信》①触怒了当局,被关进监狱。10月的一天,卢梭在去万森纳监狱探视狄德罗的途中休息时,看到《法兰西信使报》上刊登的第戎科学院的一则有奖征文广告,题目是"论科学与艺术的复兴是否有助于使风俗日趋纯朴?",他写了一篇论文应征。1750年他的文章获奖。1751年他这篇获奖的文章一发表,立刻在巴黎学界引起了轰动。原本默默无闻的卢梭一

巴黎大主教博蒙1762年8月20日发布的谴责《爱弥儿》及其作者的训谕

夜之间便出了名,再加上随着他的文章的发表而引发的一场大论战,"日内瓦公民"②让-雅克·卢梭的名字便传遍了全欧洲。1754年6月,他荣归故里,回到阔别26年的日内瓦,受到政教两界人士的热烈欢迎。8月1日,这个迷途的羔羊又重新皈依他的先辈信奉的宗教,重新成为新教的教徒。③10月10日,他结束了此次日内瓦之行,于15日回到巴黎。

然而,世事难料,好景不长。1762年5月,他的《爱弥儿》一发表便遭到查禁,批驳的文章"像一群苍蝇似的向他飞来",

---

① 这封信很长,约2万余字,信的标题全称是:《供视力正常的人阅读的关于盲人的书信》。
② 卢梭的这篇论文以小册子的形式发表时,封面署名是"一位日内瓦公民作"。
③ 关于卢梭重新皈依新教的经过,请参见特鲁松著《卢梭传》,第172页。

巴黎索尔邦神学院公开对他进行谴责。8月20日，巴黎大主教克里斯托夫·德·博蒙发布一道"训谕"，猛烈抨击《爱弥儿》，说它亵渎神明，是撒旦写的书。巴黎和日内瓦当局几乎同时下令收缴，当众焚毁。巴黎高等法院签发逮捕令，缉拿卢梭。卢梭只好连夜出逃，从此开始他长达八年的流亡生活，直到1770年才回到巴黎。

1762年5月，《爱弥儿》出版后，给卢梭招来了祸殃，巴黎高等法院下令逮捕作者。6月9日下午"太阳偏西的时候"，卢梭从此门出逃，开始了长达八年的流亡生活

这一险遭囹圄之灾的祸因在哪里？我们在本书中篇·四·4已经说了，它的祸因不在书中阐述的教育理论，而在于那篇"背叛上帝，蛊惑人心"的《信仰自白》。

2　卢梭的宗教思想的形成

《一个萨瓦省的牧师的信仰自白》是卢梭的宗教思想的总结性表述。从他晚年撰写的《忏悔录》中可以看出，他的宗教思想的形成是经历了一番曲折的道路的。1722年他的父亲离开日内瓦时，把年仅10岁的让-雅克送到乡下，托朗贝西埃牧师照管；牧师教他学《教理问答》课本之类的书，这是他所受的最早的宗教教育。后来，在夏梅特期间①，他阅读了几本波尔·罗亚尔修道院和奥拉托利会出版的读物之后，便自以为是"半个冉森派教徒"②。他读的书很杂：他读过米拉神甫的《关于科学问题的谈话》和英国哲学家洛克的《人类理解论》；他还读过笛卡尔和莱布尼茨的书；从他寄给一家书店的购书单上发现，他还读过别人伪托普雷伏神甫之名写的《克里弗兰的故事》。他在晚年撰写的《一个孤独的散步者的梦》中回忆他在夏梅特那段时间的生活时说："我美好的青年时期是在乡间度过的；乡村寂静的环境和我阅读的好书，使我对我皈依的新的宗教③的天然的诚挚感情更加强烈，使我几乎变成了费讷龙那样的虔诚的信徒。"④对上帝的信念已经在他心中扎下了根。尽管后来在巴黎生活期间，经历了18世纪上半叶兴起的那股自然科学研究热潮和"百科全书派"的朋友们的影响，他的这一信念也

---
① 即1737—1740年，卢梭与华伦夫人在夏梅特过了一段田园牧歌式的情侣生活。
② 《忏悔录》，上册，第376页。
③ 指天主教。
④ 《一个孤独的散步者的梦·第三次散步》，见《卢梭全集》第1卷，第1013页。

没有动摇。举一个例证：在埃皮奈夫人的《蒙布里扬夫人的故事》中有好几处提到卢梭与"百科全书派"的朋友们的争吵，其中有一段说：1754年4月在基诺小姐家中的一次朋友聚会上，当圣朗贝尔说宇宙中只存在物质，它无始无终，而我们只是它的一个组成部分时，大家热烈发言表示赞同。然而，卢梭大为恼怒，他宣称他不容许任何人说上帝的坏话，甚至威胁说："先生们，如果你们再说一句不信上帝的话，我就离开此地。"①

从此以后，他对"那帮无神论的哲学家们"便深具戒心，他说："（尽管）我跟几位现代哲学家生活在一起，但他们不仅没有消除我的怀疑，打消我的犹豫，反而动摇了我对我认为是最重要的几件事情的信心。……他们的哲学只适用于别人，而我应当有我自己的哲学；我要趁现在为时不晚的时候尽我的全力去探索我的哲学，以便使我在今后的岁月里有一个指导行为的准则。"②

根据上面所引的这段话，可不可以就说他是一个符合教会标准的虔诚的信徒呢？不，不能，因为他后来在《对一位神甫进献的忠言》里表明他对天主教教士是不信任的，他说："无人不知，若硬要一个教士禁欲，除非人们把他失去的贞操还给他，否则是办不到的。"更令教士们不能原谅他的，是他认为教理书上的话都是些废话，他告诉那位神甫："我同意你向人们讲授教理书上的那些废话，只要你能同时教育他们信仰上帝和爱美德，把他们都造就成基督徒，你必须这么做。不过，你也不要忘记你还有不可推

---

① 雷蒙·特鲁松著：《卢梭传》，第165页。
② 《一个孤独的散步者的梦·第三次散步》，见《卢梭全集》，第1015—1016页。

卸的责任，那就是：把他们教育成为好人。"①

1756年4月—1757年10月，他在蒙莫朗西蛰居退隐庐期间写了一篇《关于神的启示的寓言故事》②，他在故事中描写了三个人。

第一个人在一个美丽的夏日的夜晚独自深思，他心里想到了许多问题：宇宙中的事物是谁这样安排的？物质产生思想的奥秘何在？这一切是偶然的还是物质本身固有的法则在起作用？这些问题，单靠人的力量是不能解答的。正当他苦苦思索的时候，他突然"看见一只强有力的手出现在这一切事物的上边"，这只手象征着智慧产生的源泉，它就是"推动宇宙万物的上帝"③。

故事接着讲到第二个人：在一个有7座雕像的大厅中央的拱顶石上刻着这样几个大字："人们啊，快跑步过去侍奉地上的神。"除了这7座雕像，还有1座雕像，这第8座雕像是用幕布紧紧遮挡住的，他的样子是随着每个敬拜他的人的"心愿"而变化的。教士们强迫前来参观的人都用一块布条蒙着自己的眼睛。这时候走来一个神态庄重自称是瞎子的老者，因为他是"瞎子"，教士们便没有强迫他用布条蒙住眼睛。他慢步走近祭坛，用巧妙的办法扯下蒙在那些人眼睛上的布条，于是大家发现那个用幕布遮挡着的雕像"用双脚踩在一个人的身上，竟踩得那个人透不过气来"。这个形象的象征意味很明显，它表明宗教狂热者们借侍奉神灵之名，

---

① 《卢梭散文选》，第165页。
② 《卢梭全集》，第1044—1054页。
③ 这段话的意思，卢梭后来在《爱弥儿》中是这样表述的："我认为世界是由一个有力量和有智慧的意志统治着的；我看见它，或者说我感觉到了它……这个有思想和能力的存在，这个能自行活动的存在，这个推动宇宙和安排万物的存在，不管它是谁，我都称它为'上帝'。"

行摧残人类之实。这个勇敢的老者是谁呢？他不是别人，他是被判处喝毒芹汁而死的苏格拉底。苏格拉底在临死前还在敬拜他所揭露的那个神，他说："如果这个神不介意人们对他的敬拜的方式的话，那就是最好用服从法律这个方式敬拜他。"

最后讲的第三个人是"上帝的儿子"[①]。他不费吹灰之力便推倒了那个可怕的雕像，并向人们宣讲《福音书》上的道理。他的话既简单又明了，含义十分深刻，"像小孩吃的奶和大人吃的面包"那样滋养着人们的心灵。

不难看出，故事中的三个人分别体现了三种对宗教的态度。第一个人是哲学家，代表批判精神，其目的在于唤醒受欺骗的心地虔诚的信徒；第二个人是苏格拉底，他宣讲的是"伟大的自然的真理"，可惜他的话没有说完，便被教士煽动人们把他处死了；第三个人是耶稣，他批驳了"理性的诡辩"，告诉人们要服从良心的指引。故事中的耶稣不是超自然的神，而是宣讲自然宗教真谛的指路人。

这个故事是1756年蛰居在退隐庐的卢梭从那座"充满障碍、困难和险阻的曲曲折折的黑暗的迷宫"[②]迈出的第一步；正是这决定性的一步引导着他走向《一个萨瓦省的牧师的信仰自白》中所说的最终信仰。

1755年11月1日里斯本发生了一场大地震，继而又是一场大火和一阵海啸，致使数千人丧生。伏尔泰为此写了一首诗，题名《里斯本大灾难咏》，把这场灾难的发生怪罪于上帝。他对自然神

---

① 指耶稣基督。
② 《一个孤独的散步者的梦·第三次散步》，见《卢梭全集》，第1017页。

论的乐观主义者们大事揶揄，他以尖刻的语气问道：既然上帝是那么的仁慈，怎么又让人遭受这场苦难呢？怎样才能把这场灾难同上帝的安排协调起来呢？他抓住这个机会翻老账，他说："从前，莱布尼茨和波普①曾经说过出自上帝旨意的事物，全都是好的……如今死了这么多无辜的人，也是上帝做的好事吗？"②他写信给雅各·维尔勒教授说："好了，教授先生，这件事情可把上帝折了一个大跟斗。"③卢梭认为伏尔泰的看法是错误的，1756年8月16日他给伏尔泰写了一封长信，这封信是他继《关于神的启示的寓言故事》之后再次明确表达他的宗教信念的作品。他在信中质问伏尔泰为什么要上帝来承担灾难的责任？他说："我们遭受的苦难，大部分是由我们自己造成的。就拿里斯本这场灾难来说，如果不在这个大城市集中修建两三千座六七层高的楼房，如果城中的居民都像大自然要求的那样分散居住，那么，死亡的人就不会那么多，甚至一点损失也没有。如果当天一发现地震大家都迅速逃生，那么，第二天站在远处观看，大家的心情就不会那么沉重，就会觉得什么事情也没有发生过似的。可是，他们不逃命，硬是舍不得离开他们的破房子，以致遭到接连几次新的地震的袭击。在这场地震中，有许许多多不幸的人就是因为他们有的要去抢救房中的衣物，有的要去抢救他们的契约文书，有的要去搜寻他们的金

---

① 莱布尼茨（1646—1716），德国哲学家和数学家；波普（1688—1744），英国诗人。
② 雷蒙·特鲁松著：《卢梭传》，第192、193页。
③ 同上。

钱，结果被地震震坏的房屋倒塌下来把他们压死的。"[1] 他在信中最后强调他坚信上帝是存在的，上帝已尽可能好地安排事物的秩序。他说，正是因为"这些看法能给人以安慰，在人们由怀疑而变为失望之际，怎么能不做如是观呢"[2]。

我们可以这么说：到1756年这封致伏尔泰的信一发表，卢梭的宗教思想和神学观已最后形成，他对他在《关于神的启示的寓言故事》中表述的观点更加坚信不疑了。

最后要提到的，是卢梭的《新爱洛伊丝》。在这本书信体小说第6部分第11封信中，女主人公朱莉临终前所说的那番话，无论在遣词造句还是在语气上，都与《爱弥儿》中的《信仰自白》极其相似。这一点，卢梭在他的《山中来信》中说得最清楚，他说："在《爱弥儿》中那个天主教教士的《信仰自白》与《新爱洛伊丝》中那个虔诚的妇女讲述的信仰，这两处文字的精神是如此的一致，以致人们可以将它们参照起来阅读，互相说明；人们完全可以从这两处文字的一致性中推断：看撰写这两本书的作者对这两处文字的内容是不是完全采纳拳拳服膺的，或者，至少对它们是不是深表赞同的。在这两处文字中，表述得最全面的，同时又是人们认为有罪过的，是《爱弥儿》中的那一大段《信仰自白》，因此，人们应当首先仔细阅读它。"[3]

---

[1] 《致伏尔泰的信》，见《卢梭全集》第4卷，第1061页。
[2] 对于卢梭的这封信，伏尔泰没有和他进行论战，只用泛泛的语气写了一封回信。后来，卢梭发现，伏尔泰对这封信的真正回答，是他1759年发表的充满怀疑论观点的小说《戆第德》。
[3] 卢梭：《山中来信》，第19—20页。

3 卢梭致函博蒙大主教 告诉他《信仰自白》的内容

我们在本章·1提到的巴黎大主教博蒙发表的"训谕",在许许多多围攻《爱弥儿》的文章中是最具有权威性的。卢梭认为,要驳斥人们的攻击,就要从反驳这位大主教的"训谕"开始。1762年11月18日,他给博蒙写了一封信[①],这封信的标题就带有挑战性,摆出一副要与大人物较量的架势:

> 日内瓦公民让-雅克·卢梭
> 　　　　　致
> 德·圣克鲁公爵、法兰西贵族院
> 议员、圣灵级荣誉勋位获得者、
> 索尔邦神学院督导、巴黎大主教
> 　　　博蒙

他在信中以不屑一顾的语气说:"因为一本书[②]的缘故,全欧洲的国家都联合起来与一个钟表匠的儿子作对,这真是可笑!"[③]洋洋洒洒万余言的长信,他谈到了他的身世和遭遇的不幸,谈到

---

① 这封信注明"1762年11月18日于莫蒂埃",莫蒂埃是普鲁士国王治下的纳沙泰尔地区的小村子,卢梭逃匿在此,虽不怕法国法院的追捕,但他行事依然十分小心,"怕有任何蛛丝马迹让人家看出他是一个著名的作家。怕人家知道他的书被当做禁书烧掉。"(雷蒙·特鲁松:《卢梭传》,第300页)

② 指《爱弥儿》。

③ 卢梭:《致巴黎大主教博蒙书》,见《卢梭全集》,第4卷,第932页。

了他在教育问题上的主张,还谈到了他的宗教信仰。在信仰问题上,他毫不让步;他坚信人的天性是善良的,并对自然宗教大唱赞歌。他的论点推理严密,把大主教的"训谕"批驳得体无完肤。对于《信仰自白》,他在信中有两段提示性的文字,现摘录如次:[①]

《一个萨瓦省的牧师的信仰自白》由两部分组成。第一部分的文字最长,内容也最重要;它所包含的,全是震撼人心的新道:它条分缕析地批驳新唯物主义的论调,证明上帝的存在,并阐述作者尽其全力所论证的自然宗教。对于这部分文字,无论是你还是那些教士,都闭口不谈,因为你们认为它与你们毫无关系,然而真实的原因,是由于你们对上帝的事业一点也不感兴趣,只要不触及教士们的利益,其他一切就概不过问。

第二部分的文字要短得多,笔调也变化不定,理论的剖析也没有第一部分深刻。它表述的是对一般人所说的神的启示的怀疑、困惑与未解答的难题,而对于我所信奉的宗教则是深信不疑,认为它是纯洁的,它的教义是神圣的,制定这个教义的神是至高无上的。第二部分文字的目的,是告诉每一个人在宗教问题上要审慎行事,不要对他人信奉的宗教妄加责备,动不动就说别人信奉的宗教是邪恶的。这一部分文字还告诉人们,每一种宗教的行为并不是在大家的眼睛里都看得同样清楚的,所以不要把那些不像我们这样看清的人都

---

① 参见本书中篇·四·3《信仰自白》内容摘要。

当作罪人。第二部分的语气比较平和①，措辞尽可能含蓄，因此只有这一部分文字，你和政教两界的官员才注意阅读。对于我提出的论点，你们采取的办法，不是把我的书烧掉，就是对我破口大骂；你们只有这点本事。尽管你已经发现：我对可疑的事物表示怀疑，这于你们不利，但你没有发现：我对真理提出明证，这于你们是有利的。

在宗教问题上，第一部分的文字是至关重要的，因此我行文甚为直率，甚至有些武断，但我对其中表述的论点是深信不疑，毫不动摇的。我的良心和我的理智促使我非把它写出来不可；我相信而且敢肯定，这部分文字是很有说服力的。

反之，在第二部分，我一开始就表明："我往后要谈到的东西，那就完全不同了；我发现它简直是令人迷惑，神秘难解，使我不能不对它感到怀疑和轻蔑。……你应当把我所讲的这些话诉诸理智的判断，因为我不知道我是不是错了。要一个人在发表议论的时候不偶尔采取断然的语气，那是很困难的；不过，请你记住：我在这里所断言的，完全是我的怀疑的理由。"②我提出了我的不同意见和诸多疑难，也说明了我相信它的真实理由，从这些不同意见的探讨中得出了我对主要的教义的坚定不移的信心和对其他教条的理所当然的怀疑。

在第二部分的结尾部分，我再次强调在听牧师讲话的时候，应当抱有一种必要的审慎态度，因为，正如牧师自己所

---

① 其实不然，正如我们在本书中篇·四·4所看到的，他在第二部分的话锋十分尖锐，"一步紧似一步地向宗教发动进攻"。
② 见《爱弥儿》，第425、452页。

说的:"如果我对我自己的看法有更大的把握的话,我对你说话就会采用断然的语气;但是我是一个既无知又容易犯错误的人,所以,我有什么办法呢?我已经毫无保留地把我的心都打开给你看了,我把我认为确实可靠的事情都照实告诉你了:我有怀疑的地方,我就告诉你说我有怀疑;我有我自己的看法的地方,我就告诉你说我有我自己的看法;我也告诉了你我怀疑和相信的理由。现在要由你去判断了……"①

如何判断,这对博蒙大主教来说,是一个难题。他的难题,不属于本书讨论的范围。在这里我们单说卢梭的信于1763年3月一公开发表,立刻就在巴黎政教两界人士中间炸了窝。法国政府驻日内瓦的官员说什么他的"政府对卢梭《致巴黎大主教博蒙书》要在日内瓦再版发行深表不安",因为它的矛头所指是法国天主教会的一位显要人物。于是,日内瓦当局便下令禁止再版发行。对于这一屈服于外国压力的决定,当时没有任何人站出来表示反对,因此,卢梭感到失望,认为遭到了朋友们的背弃,自己成了孤军。于是,在1763年5月12日他宣布永久放弃他在"日内瓦共和国和日内瓦城的有产者的身份和公民的称号"。从这一天起,这位于1750年在《论科学与艺术的复兴是否有助于使风俗日趋纯朴》这本小册子的封面上署名"日内瓦公民"的卢梭便不再是日内瓦人;5月19日,日内瓦小议会把卢梭的声明不加评论地记录在案,从此这位日内瓦公民便成为无国籍的人了。

---

① 见《爱弥儿》,第425、452页。

4　本章的小结

卢梭在他的《一个孤独的散步者的梦》中说：他多年苦心孤诣地探索的结果，差不多全都写在《一个萨瓦省的牧师的信仰自白》中了。[①]《信仰自白》陈述的论点，与卢梭提出的教育原理并不矛盾。对处于童年时期的孩子，老师施教的重点，是培养他掌握一套认识客观世界的方法，没有必要过早地让他接触超过他的理智的辨别能力的宗教事物。卢梭对那些用《教理问答》课本教孩子的老师提出了批评，他说："一个自称为信仰基督教的孩子，他有什么可信仰的呢？他只能相信他懂了的东西；他对你教他讲的那些话，是理解得这样的少，以致你拿相反的道理去教他，他也是马上会接受的。……当一个孩子说他信上帝的时候，他所信的并不是上帝，而是张三李四，因为是他们告诉他有一个世人都称之为上帝的东西。"（第364—365页）

卢梭认为，正义和善是最根本的宗教原理；这位萨瓦省的牧师的信仰，是以人的良心为基础的，是建立在人的内心对善与恶的正确判断上的："良心呀！良心！你是圣洁的本能……是你在不差不错地判断善恶，使人形同上帝！是你使人的天性善良和行为合乎道德。"（第417页）

卢梭在《信仰自白》中以明确的词句表明他反对教士们所说的宗教奇迹和神秘教义，他主张每一个人自己决定如何在心中敬

[①] 卢梭：《一个孤独的散步者的梦·第三次散步》，第1018页。

拜上帝。他在《山中来信》第三封信的结尾描写的耶稣，就是他这一切主张的化身，他说：

> 他（指耶稣基督——引者）既喜欢快乐的生活，也喜欢看热闹的场合，参加青年人的婚礼，与妇女们聊天，同孩子们一起游戏；他还喜欢使用带香味的东西，同富人一起用餐；他从来不要求他的门徒守斋；他的表情庄重，但不招人讨厌；他对人既宽厚又公正；对弱者温柔，对恶人严峻；他的一言一行都使人感到亲切、平和与真诚；他心地善良，乐于助人；他虽然不是最贤明的人，但是是最可爱的人。①

这样描写的耶稣，是教士们所说的神吗？不是。他是生活在人群当中的人，最可亲近的人。

《信仰自白》令人耳目一新之处，不在于它对传统的宗教教义的批评，因为这个工作其他的人也曾做过；它令人震惊之处，在于对当时风行法国和全欧洲的唯物主义宗教观的驳斥。以狄德罗为代表的《百科全书》派哲学家对宗教所持的否定态度，几乎完全动摇了人们对宗教的信心。恰恰在这个时候出现的《一个萨瓦省的牧师的信仰自白》，在今天看来，不仅不像博蒙大主教等人所说的是制造混乱的导火索，相反，它缓解了教会遇到的危机，使许多信徒继续留在教会。因为，尽管它否定了传统教义中的启示说、原罪说和永恒的痛苦说等带神秘色彩的论调，但它保存了对

---

① 卢梭：《山中来信》，第76页。

上帝的信念：它否定的是"树枝"，但保存的是"树干"，是主要教义：以良心为一切行动的指针，"按良心去做，就等于是服从自然"（第411页）。没有敬拜仪式和神职人员的自然宗教，就是建立在这个基础上的。建立在这个基础上的信仰，才是真正的信仰，对上帝的敬拜才是发自内心的敬拜，因为，"上帝要求于我们和奖励我们的，是心地善良和正直，是品行良好，为人诚实，并实践美德，这才是我们对上帝的真正崇拜"[①]。

---

① 卢梭：《新爱洛伊丝》，第713页。

八、卢梭笔下的女性

《爱弥儿》第 5 卷中的《苏菲，或女人》虽不像第 4 卷中的《一个萨瓦省的牧师的信仰自白》那样遭到围攻，但受到的批评也不少，特别是女权论者对它的批评尤为激烈。《卢梭传》的作者雷蒙·特鲁松的评论较为平和，他说："卢梭在《爱弥儿》中阐发的女子教育的原理，没有使他成为女权主义的先驱，不仅如此，与费讷龙的《论女子教育》相比，反而有所倒退。"[①] 类似的看法在我国也曾经有过，例如魏肇基在他根据英文节译本译的《爱弥儿》译者序言中说："本书（指《爱弥儿》——引者）第五篇即女子教育，他（指卢梭——引者）的主张非但不彻底，而且不承认女子的人格，和前四篇的尊重人类相矛盾。"[②]

这样的论断未免有失偏颇，因为卢梭所处的 18 世纪是法兰西王国时代；包括卢梭在内的那个时代的哲学家和教育家对女子和女子教育的看法，与我们今天的看法有一个不言而喻的时代差距；

---

① 雷蒙·特鲁松著：《卢梭传》，第 251 页。
② 魏肇基：《爱弥儿》（译者序言），上海商务印书馆 1923 年版，第 2 页。

如果无视这个历史背景，就会以今天的尺度对200多年前的作者提出苛评。梁实秋就不赞同魏肇基的看法，他在《卢梭论女子教育》一文中说："我觉得……他（指卢梭——引者）的主张非但极彻底，而且是尊重女子的人格，和前四篇的尊重人类前后一贯。"①

这两个人的看法为什么针锋相对，如此不同？

魏肇基说，在他看来，卢梭在女子教育方面的立论之所以"和前四篇尊重人类相矛盾，此实感染于千余年来的潜势，虽遇天才也不免受些影响呢。"

对于魏肇基的看法，梁实秋不以为然，他说，在他看来，卢梭在女子教育方面的论点，"和前四篇的尊重人类前后一贯，此实足矫正近年来男女平等之学说，非遇天才曷克臻此？"

梁实秋还说："卢梭论女子教育是根据于男女的性质与体格的差别而来……谁能承认男子和女人没有区别？如其教育是因人而设的，那么女子自然应有女子的教育。"②

1 一篇批评男权的文章

卢梭是不是女权主义的先驱？他在《爱弥儿》中是否主张过女权？这些问题，就《爱弥儿》这本书来说并不重要，因为它探讨的是教育问题，而不是女子的权利问题和妇女在政治社会中的地位问题。这些问题，放在其他有关的著作中讨论更为合适。

---

① 复旦大学《复旦旬刊》1927年11月创刊号，第17—18页。
② 同上。

平心而论，卢梭虽然没有专门撰文为妇女争取过权利，从而使他成为女权主义的先驱，但他并没有反对过女权，恰恰相反，他有一篇标题为《论妇女》的文章，以激奋的语言为妇女的权利辩护过，对男人"把一切权利都抓在自己的手里"的专横作风，提出过严厉的批评。这篇文章不长，现摘录几段如次：

有一个令我十分惊奇的问题是：人们在一个一个地列举历史上歌颂的伟大的男人时，神情特别庄重，硬要拿他们和史书上不屑于记载的少数女中豪杰相比较，以为这样比较对我们有利。唉，先生们，请你们也让女人做此荒唐之事，让她们拟一个大人物的名单传给后代，那时，请你们看看，她们将把你们在名单上排列第几位，看她们是不是有正当的理由拒不把你们骄傲地窃取的优越地位让给你们。

……

让我们首先看一看由于男人的专横而失去了自由的妇女，然后再看掌管一切事情的男人。王位、财产、官职、军队的指挥权，这一切都掌握在男人手中。不知道他们从什么时候起，也不知道他们凭什么生来就有权利，把这一切都抓在自己的手里。他们的这些权利，是从什么地方来的，我至今都没有弄明白。我认为，他们的权利的基础，不是别的，全是暴力。

……

如果在社会的管理和帝国的统辖方面，女人也有和男人同样的机会的话，也许她们还会表现得比男人更豪迈和勇敢的，使留名史册的女人比男人更多的……如果我们不强夺女人的自由，让她们有表现自己的机会，她们是可以做出更多的表现心灵的伟大和热爱真理的事例的，这样的女人的人数，一定比男人多的。[①]

2　两个令人喜爱的女人

在卢梭的著作中，用浓墨描写的女人，有两个。这两个女人，一个是《爱弥儿》第5卷中的苏菲，另一个是《新爱洛伊丝》中的朱莉。

先说苏菲。

关于苏菲的外貌、风度和人品，本书上篇·五已根据卢梭对她的描述勾画了一个大轮廓，她"天性善良，为人是十分的忠厚"，她对人有一种难以用言语表达的感染力："你刚接近她的时候也许觉得她没有什么特殊的地方，但在离开她的时候你心里就不能不有所感触。"（第588—589页）

卢梭对苏菲的描写，词句十分朴实，在朴实的语言中透露出一个女人鲜活的性格和高尚的美德。

卢梭在《忏悔录》中指出，《爱弥儿》第5卷是在一个景色宜人的环境中撰写的，他说：

> 我的住处四周环绕着茂密的树林，旁边有一泓湖水，可

[①] 《卢梭散文选》，第157—159页。

听到林中鸟儿的歌唱,又能闻到橘子树的花香,我就是在这寂无声息的幽雅环境中撰写《爱弥儿》第5卷的:我心旷神怡,满怀喜悦,书中清新的笔调和美妙的词句,大部分都是根据我所在的那个写作环境给我的深刻印象而写的。①

不难想象,在如此令人陶醉的环境和心态中描写一个女人,是充满着爱和敬意的,对她的教育的设计,是不会把她当做一个只会料理家务的妇女来对待的,是不会不尊重她的人格和她应有的权利。苏菲是爱弥儿的配偶,他们的关系是:"每一个人都受对方的驱使,两个人都互相服从,两个人都同样是主人。"②(第560页)

现在谈朱莉。

卢梭在《新爱洛伊丝》中对朱莉的描写,与在《爱弥儿》中对苏菲的描写,在方法上有所不同。

《新爱洛伊丝》是一本讲述爱情故事的小说。卢梭对女主人公朱莉的描写,侧重于她在故事中的角色:描写她对克拉朗庄园的管理、对孩子的教育和如何使她的丈夫与她的旧情人互相信任和尊重并结下真诚的友谊。在卢梭的笔下,朱莉是一个坚守忠贞和笃信宗教的好女人的典型。

同苏菲一样,朱莉也有一种迷人的人格魅力感染着她周围的人,这种感染力来自于她对人的爱心和模范行为:"我的朱莉净化了她周围的一切,使我完全放下了心;的确,当初的紊乱的心情,现在都变得甜蜜而平静,它要求我的心一定要永远保持这种状态,

---

① 《忏悔录》,下册,第286—287页。
② 对苏菲的其他论述,请参见本书中篇·五。

不要再起波澜。"①朱莉豁达的胸怀，在他人心目中已经成了一个最稳妥的精神庇护所。显而易见，卢梭给朱莉安排的角色，是要她不仅在家庭的日常生活中，更重要的是在精神生活中起一个坐镇中军的主将作用。

3 本章的小结

从本章前两部分的叙述可以看出，《爱弥儿》的作者是反对男权的，对女性是持尊重和爱护态度的；他希望人们对女子的教育要有利于发展自然赋予她们的特有的资质，为她周围的人创造幸福，从而使她得到周围的人的爱戴。

在两性之间说谁优于谁，这是很荒谬的，因为"就一切跟性没有关系的东西来看，女人和男人完全是一样的：她也有同样的器官、同样的需要和同样的能力……就一切涉及性的东西来看，女人和男人处处都有关系，而处处也都不同，要把他们加以比较，是很困难的……所以我们用不着争论到底是男性优于女性，还是女性优于男性"（第527页）。

卢梭之所以在《爱弥儿》中讨论两性差异，是为了阐明对女性的教育方法何以有所不同的原因，而不是为了论证谁优于谁，更不是论证谁统治谁。

卢梭把《苏菲，或女人》放在《爱弥儿》的结尾，让这个女人在爱弥儿的教育将要完成的时候才出现，是费了一番苦心的，

---

① 《新爱洛伊丝》，第654页。

因为只有到这个时候，爱弥儿才具有识别的能力，才会选择适合于他的女人；只有苏菲这样的女人，才能赢得爱弥儿的爱；也只有苏菲这样的女人，才能看出爱弥儿的人品之美。

苏菲的聪慧和可爱之处，就在于此。

1791年布安索版《爱弥儿》第一册封面

结束语

一

卢梭在《爱弥儿》序言中说:"这本集子中的感想和看法,是没有什么次序的,而且差不多是不连贯的,它开始是为了使一位善于思考的贤良的母亲看了高兴而写的。"(第1页)这位"善于思考的贤良的母亲",指的是舍农索夫人。这一点,他后来在他的《山中来信》第5封信中又加以重申,他说:"是的,我这本书是在一位母亲的请求下写的。这位母亲,既年轻,对人又非常和蔼,而且有一副哲学家的头脑,善于观察人的心。论容貌,她是女性中美的典型;论才情,她是女性中非常出色的代表。我正是因为她有如此善于思考的天才,才提笔写这本书的。"①

---

① 《山中来信》,第5封信,第104页。

二

《爱弥儿》是一本论教育的书，而不是讨论教学方法的书，书中没有为了使儿童和青年人适应某种社会阶层或某种职业而表述的教学法则。正如卢梭在此书的序言中所说的："个别的应用问题，对我论述的题目来说，并不重要，所以没有列入我的计划的范围。"（第4页）他强调他的教育方法完全"适应于人的心"，因此，他的方法"不是别的东西，只是自然的进行而已"（第2页）。这就是说，对人的教育，是按自然的法则实施的，要使他在短短20余年里走完人类花了千百万年才走完的路程：从蒙昧无知的婴儿成长为有智慧和有道德的成年人。这一飞跃，是教育之功，"我们在出生的时候所没有的东西，我们在长大的时候所需要的东西，全都要由教育赐与我们。这种教育，我们或是受之于自然，或是受之于人，或是受之于事物。"（第7页）我们身体的力量的增长，是得益于自然的教育（见第1卷）；通过感官和经验而获得对外部世界的知识，是事物的教育（见第2和第3卷）；学会如何为人和尽人的天职，是人的教育（见第4和第5卷）。这三种教育不是截然分开的，不是进行一种教育完毕之后才进行另一种教育的；它们是互相交叉的。例如人的教育，事实上从婴儿一来到这个世界上就开始了，教育这个起初是婴儿、后来成长为少年和青年的众多教师，就以乳母、老师、园丁和乡村儿童等形象出现在他身边。

三

《爱弥儿》开宗明义的第一句话说:"出自造物主之手的东西,都是好的,而一到了人的手里,就全变坏了。"(第5页)这句话的意思是说:人天生是善良的;他之所以变坏,是社会制度和不良的风气造成的。

卢梭为什么会有这样一个悲观的看法呢?这是基于他对18世纪法国教育状况的观察,尤其是对社会和政治制度的观察,他发现它们弊病丛生,已经到了非改弦更张不可的时候了。

令人欣慰的是,尽管卢梭对当时的社会状况是悲观的,但他对人,对人类的命运,却是乐观的。他认为:"人是爱正义和秩序的;在人的心中是没有任何原始的罪恶的。"[①] 没有这些基本的信念,就没有《爱弥儿》这本书的写作。

四

写到这里,想起了我在《主权在民 Vs "朕即国家"——解读卢梭〈社会契约论〉》中写的一段话,谨摘录于此:

> 卢梭一方面看到他所处的那个时代的社会已日趋腐败,荒谬的政治制度只有利于权贵和富人而不利于穷苦的人民;

---

① 《致巴黎大主教博蒙书》,引自《卢梭全集》,第4卷,第935页。

但另一方面他心中也充满了信心,相信人们最终能建立良好的社会秩序,让法律来保证社会的成员人人都能享受平等和自由。

这两种感情,是卢梭政治思想的主线,贯穿他所有的著作,使他充分认识到应当如何立论,阐述真理,才能解决萦绕在他心中的"大问题"。关于这一点,他在《忏悔录》中说:

我在威尼斯的那段期间,有些事情使我看出那个被人们如此夸赞的政府竟有许多缺陷……我发现,所有一切问题的根子都出在政治上。不论从什么角度看,没有哪一个国家的人民不是他们的政府的性质使他们成为什么样的人,他们就成为什么样的人的。所以我觉得:"怎样才是一个尽可能好的政府"这个大问题,可以归纳成这样一个问题:"什么性质的政府才能培养出最有道德、最贤明和心胸最豁达的人民?"——总而言之一句话:什么性质的政府才能培养出按"最好"二字最广泛的意义说来是足可称为"最好的人民"?

200多年前卢梭提出的这个问题,阐明了一个国家的政治与教育的关系,对我们今天在思考教育问题方面,依然有其参考的价值。

五

卢梭在教育问题上的见解和主张,除《爱弥儿》外,还分别见于:《关于德·马布里先生的公子的教育问题的备忘录》(1740)、《关于圣玛丽先生的教育的计划》(1740),《纳尔西斯·序言》(1752)、《政治经济学》(1755)、《致达朗贝尔的信》(1758)、《新爱洛伊丝》(1761)以及他晚年为波兰人民撰写的《论波兰的治国之道和波兰政府的改革方略》(1772)。在研究卢梭的教育思想方面，以上这些专著和文章，是很有用的。

附录一　朱莉[①]论儿童教育[②]

在我的记忆中，我还没有看见过哪家的大人对孩子说话是像他们这样少；也没有看见过哪家的孩子是像这家的孩子这样不一举一动都被父母管住。他们几乎一步也不离开他们的母亲，但也很少见到他们缠着母亲不走。他们很好动。动作大大方方，非常活泼，和他们的年龄十分符合，但他们从不令人讨厌，也不闹闹嚷嚷的；我发现，他们说话很谨慎，尽管他们还不知道什么叫谨慎。在思考这个问题的时候，最使我感到惊异的是：这一切，他们做起来都很自然。尽管朱莉很喜欢孩子，但她为他们操心的时间却很少。的确，我从来没有看见过她硬要他们讲话或不讲话，也没有看见过她规定他们做这件事或那件事，或者不允许他们这样做或那样做。她从来不和他们争辩；他们要玩，她就让他们去玩，从来不阻挡。我们可以说，她一看见他们，她心里就快乐，

---

① 朱莉：卢梭著《新爱洛伊丝》中的女主人公。
② 标题是笔者所加。摘自《新爱洛伊丝》卷5 书信3《圣普乐致爱德华》，第566—591页。

就爱他们；只有当他们和她一起过完了一天，她才认为她尽到了做母亲的职责。

尽管朱莉对孩子好像是淡然置之似的，但在我看来，她比那些对孩子没完没了地操心的母亲还令人感动；不过，我总觉得她那种懒于管孩子的样子不好，我不大赞成。我倒是希望她，尽管有许多不管孩子的理由，但最好还是不这么做：多余的操心，正是母爱的表现嘛！我在她的孩子身上看见的种种优点，我都归功于她；我倒是希望他们的好的表现，归功于天性的少，归功于他们的母亲的多；我倒是希望在他们身上能找到一些缺点，以便看她如何去纠正。

在沉默不语地思考这些问题很久以后，我打破沉默，把我的想法告诉她。"我认为"，我对她说道，"上天以孩子们的良好性情来奖励做母亲的人的德行，但良好的性情是需要经过培养才有的，从他们出生之时起，就应当开始对他们进行教育。在他们还没有任何必须去掉的缺点以前，就早早地培养他们，岂不是更好吗？如果你从他们童年时候就放任自流，那要等到他们长到多大年纪才听话呢？即使你什么都不教他们，你至少应当教他们听你的话"。她问我："你发现过他们不听我的话吗？""这，很难发现，因为你什么都不叫他们做嘛。"她一边笑，一边看了她的丈夫一眼；接着，她拉着我的手，把我带进一个我们三人谈话不被孩子们听见的小房间。

在这个小房间里，她不慌不忙地向我讲她教育孩子的方法，说她表面上漠不关心，实际上凡是母亲该管孩子的地方，她都非常细心地管到了。"在早期的儿童教育方面"，她对我说道，"我和你的看法一直是一样的。在我怀第一胎的时候，对于我即将承担的义务和要做的工作，我感到害怕，因此常常怀着不安的心情和德·沃尔玛先生①谈这个问题。他这位知识渊博的人，既有父爱又有哲学家的冷静的头脑，所以在这件事情上，哪里还有比他更好的导师呢？他尽到了他的责任，而且还超过了我的预期；他消除了我的忧虑，并告诉我如何少费力气又能取得更大的成效。他使我认识到，首要的教育，被所有的人都忘记了的教育②，是首先要使孩子能接受的教育。所有那些自以为很聪明的父母，都犯了一个共同的错误：他们以为他们的孩子一生下来就是懂道理的；在孩子还不会说话以前，他们就像对大人说话那样对孩子说话。人们想用理智来作为教育孩子的工具。而正确的做法应当是：用其他的工具来培养理智。在人们所受的各种教育中，孩子受得最晚的和最难的，正是理性教育。如果在他们幼年时候就对他们讲一种他们根本听不懂的语言，那就会使他们养成一些坏习惯：爱玩弄字眼，爱对他人说空话，爱打断别人的讲话，自己认为自己同老师一样的高明，凡事总爱争辩，总不服气；所有一切你想用合理的动机叫他们去做的事情，今后都只能以恐惧或虚荣的动机叫他们去做了。

"这样培养的孩子，无论你多么耐心，最终都会被他弄得厌烦不堪的；孩子们没完没了地纠缠，乃是做父母的人自己使孩子们

---

① 德·沃尔玛：朱莉的丈夫。
② 洛克，那位贤明的洛克，他本人就忘记了这种教育，他在人们可以要求孩子做到的事情方面发表的意见，远远超过了为达到这个目的而应当做的事情。——卢梭

养成这种坏毛病的，结果被弄得筋疲力尽，心里十分烦躁，再也忍受不了孩子们制造的麻烦，只好把他们远远地打发开，交给老师去管，指望老师比做父亲的人更耐心，更脾气好。

"大自然希望儿童在成人以前，要像儿童的样子。如果我们打乱了这个次序，我们就会造成一些早熟的果实；它们长得既不丰满，也不甜美，而且还很快就会腐烂。我们将造成一些年纪轻轻的博士和老态龙钟的儿童。儿童是有他们独特的看法、想法和感情的，如果想用我们的看法、想法和感情去代替他们的看法、想法和感情，那简直是最愚蠢的事情。我宁愿让一个孩子到十岁的时候长得身高五尺，而不愿他有什么判断的能力。

"理智应在几年之后才开始训练，这时候，身体已经长得相当结实了。因此，大自然的意思是：先让身体强健，然后才开发智力。儿童总是经常活动不停的；在他们那种年龄，他们是很不愿意停下来休息和思考的。老坐在那里专心用功，是有碍于他们身心的成长的；他们的心和他们的身体不能忍受束缚。成天关在一个小房里念书，他们的精力将耗得干干净净；他们将变得体弱多病，非常娇嫩，心思迟钝而不明白事理：他们的心灵将终生吃身体衰弱之苦。

"过早地教育孩子，即使有助于培养他们的判断力，但同时也给他们带来损害，而且还有一个很大缺点，那就是：不加区别地对他们实行这种教育，便不能做到针对每个儿童的天赋因材施教。除了体格是大家都共有的外，每个人在出生之时还带来了他特有的气质；人的天才和性格，就是由他特有气质决定的。人的气质既不能加以改变，也不能加以束缚，而只能对它进行培养，使之完善。"

德·沃尔玛先生认为，人的性格本身是良好的。"人的天性都不错[1]"，他说道，"归咎于天性的种种罪过，都是由人们所受的不良教育造成的。一个恶人，其习性如果得到良好的引导，也可做出大好事，这种事例不是没有的。从某一个侧面看一个虚有其表的人，也可看出他有可用之才，这种事例也是有的，正如把奇形怪状的图像放在适当的地方观看，也会觉得它们是好看的，图像的比例是很匀称的。宇宙万物都归向于善。每个人在良好的社会秩序中都有他一定的位置，问题在于如何找到这个位置，而又不打乱社会的秩序。在孩子摇篮时期，采取的教育方法，如果一成不变地进行下去，而不随人的才智的变化而变化，其结果将如何呢？如果给大多数孩子的教育都是有害的和不适当的，如果不让他们受适合于他们的教育，如果从各个方面阻碍他们天性的发展，如果急于想使他们能表现华而不实的聪明而牺牲他们的大智慧，如果不加区别地让不同禀赋的孩子都受同样的教育，其结果，尽管能培养出一些孩子，但同时也将贻误一些孩子；人们花了许多心血之后，反而扼杀了儿童的天赋；在他们身上昙花一现的天才的火花不久就完全熄灭，而被破坏了的天性就再也恢复不过来，最后落得不仅白花了许多力气，而且使那些小神童既无强壮的身体，又无美好的德行，让人一看就知道是一个百无一能，没有用处的人。"

---

[1] 这个如此透彻的道理，是由德·沃尔玛先生说出来，使我大吃一惊；读者不久就可看出是什么原因。——卢梭

"这些道理，我都明白"，我对朱莉说道，"你自己曾说过，培养每个人的天资和才能，无论是对他的幸福还是对全社会的利益，总是有好处的，因此，我很难把你的这些道理同你自己的看法一致起来。先塑造一个有理智的、诚实的人的完美的典型，然后经过教育，把每一个儿童和这个典型加以比较，鼓励这个，约束那个，克制其欲望，增进其理智，匡正其天性，这样做，不是好得多吗……"

"匡正其天性！"沃尔玛打断我的话说，"这句话说得很好，不过，在实践这句话以前，你必须先对朱莉刚才向你讲的那些道理表明你的看法。"

我觉得，最好是干脆利落地回答说我不赞成她的意见，我决定这样回答她："你经常说，人与人之间在才智和天分上的差别，是大自然造成的，这个道理是不言自明的，因为，人的才智之所以不同，是因为人的才智的多寡不相等，而大自然之所以使人的才智的多寡不相等，是因为它有偏向，赐给某些人的灵敏的感觉，博闻强记的能力和专心致志的注意力，比赐给另外一些人多。不过，就感觉和记忆力来说，经验证明，它们的广度和完善的程度，并不是衡量人的才智的尺度；而专心致志的注意力，则完全视刺激我们的欲望的力量的大小而定。经验证明，所有的人天生就是容易受欲望的影响的，当欲望的影响相当强烈时，人的注意力就会首先贯注于欲望的满足。

"如果人与人之间的才智上的差别，不是大自然造成的，而是教育的结果的话，也就是说，是由于各种观念的影响的结果，是由于我们从童年时候起所见到的事物和所处的环境以及得到的印象使我们产生的思想决定的,那么,为了培养我们认为有天分的儿童,我们不仅不能等待,反而应当早日通过适合于他们的教育使他们具有人们所希望的才智。"

对于我说的这一番话,他回答说,当他不能解释他所看到的事物时,他不会因此就否认他所看到的事物是真实的。"你看,"他对我说,"院子里的那两条狗,它们是同一胎生的,他们吃同样的食物,受同样的待遇;它们从来没有彼此离开过。然而两条狗中,有一条很活泼,很聪明,见人就摇尾巴,而另一条则很笨,脾气凶恶,无论教它做什么,它都学不会。只因它们的禀性不同,所以它们的个性便有所差异;同样,人的才智之所以有差别,唯一的原因是因为人的内在素质不同。其他方面都是相似的……""相似吗?"我打断他的话说,"差别很大嘛!有许许多多的小事情,对这个人起作用,而对另一个人则不起作用。有许多环境对人的影响大不一样,这一点,你并未发现!""好!"他接着说,"你这番话,是星相学家的说法。当我们问星相学家:为什么在同一个星座下出生的两个人的命运竟完全不同,他们避而不谈这一点。他们说:星辰的移动是很快的,一个人的星宿和另一个人的星宿相距很远,因此,你发现,两个人出生的时刻尽管都是在同一个时刻,那也会出现两个人的命运完全不同的情况。

"现在,让我们把这些很难弄清楚的问题放在一边,集中精力谈我们所观察到的情况。它告诉我们说,有些人的性格几乎在出生的时候就表现出来了;有些儿童,我们看他们在乳母怀中吃奶的情况,就可推知他们的性格。这样的儿童属于另外一种类型,他们从出生的时候起就可开始培养了。至于那些性格的表现不那么快显露出来的儿童，如果在没有弄清楚他们的天资之前就进行培养的话，那等于是在糟蹋大自然创造的财产，给儿童带来更多的害处。你的教师柏拉图不是说过吗：即使我们用尽所有的化学方法，我们从一种混合物中分离出来的黄金，也只能是它含有多少，我们才能分离出多少；同样，即使我们运用我们的全部知识和哲学方法，我们从一个人的心灵中培养出来的才智，也只能是大自然在他心灵中存放多少，我们才能培养出多少。就我们的感情和我们的思想来说，柏拉图的话说得不对，不过，就我们希望能培养的才能来说，柏拉图的话是对的。要改变人的内心，要改变人的性格，就要改变产生这种性格的气质。你可曾听人说过一个脾气急躁的人会变得很冷静吗？一个做事有条不紊的头脑冷静的人能变成充满幻想的人吗？我认为，把一个棕色头发的人变成金黄色头发的人，把一个傻子变成聪明人，那是容易的，然而，要把各种不同才能的人按照一个共同的模式重新塑造，那是办不到的。你可以管束他们，但不能改变他们；你可以不让他们表现出他们的真面目，但你不能使他们变为另外一种人。他们在平常的生活中即使能以伪装的面目出现，但你将发现，在遇到重大的事情时，他们又将恢复他们原来的面貌，而且将更加淋漓尽致地表现他们是怎样一种人。再说一次，要想改变人的性格和扭曲人的天性，那是不可能的；相反，最好是，它能如何发展，就让它如何发展，对它加以培养，不让它退化。只有这样，才能使一个人尽量发展他的才智，大自然的目的才能通过教育最终在他身上得到实现。不过，在培养一个人的性格以前，应当先对它进行研究，耐心地观察它如何表现，向它提供表现的机会；宁肯什么事也不做，也千万不可做对它有害的事情。对有些有天才的人，应当给他们添上翅膀，而对另外一些有天才的人，则应给他们加上羁绊；有的应当加以鼓励，有的则应当加以约束；有的需要给以夸赞，有的则需要施加威吓；有时候需要多加启发，有时候则应使之少知道一些事情。有些人生来就是适合于做大学问的，有些人如果能识字念书反倒是对他大有害处。我们应当耐心等待理智的第一道火花；正是通过第一道火花，观察人的性格，弄清它到底是什么类型，从而对它进行培养，因此，在具有理智以前，人是无法接受什么真正的教育的。

"你对朱莉的意见表示反对，我不知道你发现她说的道理哪些地方不对。就我来说，我认为它们是完全正确的。每个人在出生的时候就具有一种性格、一种天才和特有的才能。命中注定过乡村简朴生活的人，用不着发挥他们的才能就可生活得很美好；宛如不许开采的瓦勒的金矿一样，他们的才能被埋没了。但在社会生活中，需要动脑筋的时候多，需要用体力的时候少。无论对人对己都要尽到最大的努力，因此，应当让一个人尽量发挥大自然赋予他的才能，指引他向最有前途的方向走去，尤其要用有助于他们的倾向的发展的事物培养他们。就身居乡村的人来说，他们接触到的是他们的同类，每个人看别人做什么，自己就做什么，照人家的样子做，按习惯办事，使用大家都共有的那一部分才能就可以了。但身居城市的人，不仅要注意自己，而且要注意所有的人，因此应当教他一些可以用来胜过他人的东西，大自然让他走多远，我们就让他走多远，使他成为人类当中最伟大的人，如果他有成为伟大人物的资质的话。对这两种人的做法，并不互相矛盾，所以在他们幼年时候都可以采用。不必对农村的儿童进行教育，因为他们用不着受什么教育；也不必对城里的儿童进行教育，因为你还不知道他适合于受什么教育；总之，在儿童的理智未开始活动以前，应当尽量让身体成长，然后才是对他进行教育的时候。"

"我认为你讲的这些方法都对"，我说道，"不过，我发现其中有一个缺点，对你所讲的方法带来的好处大有损害，这个缺点是：让孩子们养成本来可以用好习惯防止的千百种坏习惯。你看那些没有人管的儿童，他们看见别人做坏事，他们也学着做坏事，因为做坏事的榜样容易学，而做好事的榜样他们却不学，因为好事做起来要花力气。他们已经习惯于要什么就有什么；无论在任何情况下，他们想怎么干就怎么干，变得性情执拗，顶撞大人，一点也不听话，谁也管不了……""看来"，德·沃尔玛先生说道，"你在我们的孩子身上看到了相反的情形，这一点，正是引起我们有这一番谈话的原因。""我承认这一点"，我说道，"使我感到惊奇的，正是这一点。为了使孩子们听话，她采取了哪些办法呢？她从什么地方着手呢？她用什么东西来代替纪律的桎梏呢？""用一个很结实的枷锁"，他马上接着说道，"用生活的需要来代替纪律的约束。不过，在向你详细讲述她的做法以前，她将先向你更明确地阐述她的观点。"于是，他请她向我说明她的做法；稍稍休息一会儿以后，她就开始向我讲了；我把她讲的话记录如下：

"亲爱的孩子，这两个孩子生下来的时候长得很好！我并不认为我们将像德·沃尔玛先生所说的那样，要花那么多的心血。尽管他说的都有道理，但我怀疑，一个脾气坏的孩子，我们能把他的脾气变好，我并不相信任何人的天性都可以向好的方向转变，不过，由于我深信他的方法是好的，所以在家庭的管理方面，我尽量使我的做法和他的做法相配合。我的第一个希望是：我不生坏孩子；第二个希望是：在他们的父亲的指导下，我把上帝赐给我的孩子抚养好，以便他们将来长得像他们的父亲。为此，我尽量按他给我规定的方法去做，只不过不像哲学家那样冷漠，多给他们一点母爱，使孩子们时时都很快乐。这是我做母亲的人的心中的第一个心愿。我每天的时间和精力都用来实现这个愿望。当我第一次把我的大儿子抱在怀里的时候，我在心里想：拿寿命活得比较长的人来说，童年的光阴几乎占了他一生四分之一的时间，而能活满余下的四分之三时间的人是很少的，因此，如果为了保证这四分之三的时间的幸福，就不让孩子过好第一个四分之一的时间，这种做法虽说是出于谨慎，但是是很残酷的，何况那四分之三的时间也许还活不满呢。我认为，在儿童幼小的时候，大自然有许许多多的办法约束他；如果在大自然的约束之外，我们再任意剥夺他不仅极其有限而且不可能滥用的自由，那就太不合情理了。因此我决定尽量少管他，让他使用他的那一点点儿力量，尽量不妨碍他的天性的活动。我这样做法，有两个大好处：一个好处是，使他正在成长的心灵不受谎言、虚荣、愤怒、嫉妒，一句话，由于管得过多而产生的种种恶习的浸染；而有些人则不然，他们为了让儿童按他们的要求去做，反而利用这些恶习去熏染儿童。另一个好处是，让他不断地自由活动，增强他的体质。现在，他已经能像农民那样光着头在烈日下或在寒风中奔跑，他跑得气喘吁吁，满身是汗，也不在乎；他像农民那样不怕风吹，身体长得很结实，生活得快乐。这样做，才真正是为他日后长大成人着想，使他能应付一个人可能遇到的种种意外事件。我担心那种害死人的胆怯心理使一个儿童变得很柔弱和娇嫩，受到没完没了的束缚的折磨；我绝不管得过多，绝不处处提防，把他限制得死死的，最后让他一辈子没有应付不可避免的危险的能力；我绝不为了使他一时不遇危险，使他小时候不患伤风感冒，反而让他长大后死于胸部的炎症，死于胸膜炎或死于中暑。

"那些放任自流的儿童之所以有你所说的那些缺点，其原因是，他们不仅不满足于能按照自己的意志行事，而且还要别人也按照他们的意志行事。这种情况，是由于母亲的过分纵容造成的；这样的母亲，人们只有完全按照她们的孩子的无理要求去做，她们才感到高兴。我的朋友，我感到庆幸的是，你在我家中的人当中，没有见过任何一个人觉得我独断专行，即使是最低级的仆人也没有这种感觉；你也没有见过我听人家说我孩子的恭维话，我就暗暗高兴。我在这件事情上，走的是一条可靠的新路子，使一个孩子既能享受自由，又表现得很文静，能体贴他人，听大人的话。我们做到这一点的办法，也很简单，那就是：使他认识到他只不过是一个小娃娃。

"从孩子的本身来看孩子，也可以看出：在世界上，还有哪一种生物比儿童更柔弱、更可怜、更受他周围的一切的摆布，而且是那么地需要他人的怜惜、爱和保护呢？大自然之所以让他们发出的第一个声音是哭声和哀告声，他们之所以长那么一张漂亮的脸儿和那么动人的神情，难道不是为了使所有接近他们的人都爱惜他们柔弱的身体和积极帮助他们吗？所以说，还有什么事情比看见一个盛气凌人、桀骜不驯的孩子指挥他周围的一切人,而且还厚着脸皮以主人的口气向那些只要一不管他就可置他于死地的人说话,更令人气愤和违反事理呢?头脑糊涂的父母听任他们的孩子胆大妄为,让他成为他的乳母的暴君,直到最后成为他们自己的暴君,这难道不令人生气,不说他们做得不对吗?

"至于我,我已竭尽全力,不让我的儿子有作威作福和颐指气使的可恶样子,不让他有任何借口说别人该伺候他而不是因为怜惜他才帮助他。这一点,也许是整个教育过程中最重要的和最难做到的事情;为了使孩子养成对仆人的雇佣劳动和父母的关心爱护一看就可区别清楚的本事,我采取了种种措施,其中就数这件事情做起来最零碎,而且也永远做不完。

"正如我已经向你讲过的,我采用的主要办法之一是:使他充分认识到,在他这样的年纪,没有我们的帮助,他就活不了。之后,我就告诉他,一个人不能不接受别人给予的帮助,这是一种依赖行为;仆人们比他强,所以他不能没有他们;而他对于他们,是一点用处也没有的。这样,他便不会因为他们在伺候他,便自以为了不起;反之,他倒是感到了自己的弱点,觉得很不好意思,巴不得赶快长得身强力壮,能够自己的事情自己办。"

"这些做法",我说道,"在做父母的人也像孩子那样要人伺候的家庭里,是很难实行的;但在你们家里,从你开始,每个人都有自己的工作;主人和仆人的关系是互相关心和互相照顾,所以我相信,你的做法是行得通的。不过,我还有两点不明白:有些孩子的需要尽管经常得不到满足,但他们总会要这要那,提出更多的要求,在这种情况下,我们怎样才能使他们知道不应当再有更多的奢望？如果一个仆人把孩子的真正需要误认为是多余的要求，而不满足他们，我们如何才能使他们不因此而感到难过？"

"我的朋友"，德·沃尔玛夫人接着说道，"缺乏远见的母亲，把孩子们都养成了脾气很怪的孩子。其实，无论儿童或大人的真正需要都是很有限的。我们应当关心的是他们的长久的舒适，而不是一时的快意。你以为一个不受束缚的孩子在母亲跟前能听任保姆不让他舒舒服服地活动吗？你列举了一些由于养成恶习而产生的缺点，但你不知道我的全部精力都集中于不让他们沾染恶习。女人自然是很爱孩子的。孩子和保姆之间的矛盾，完全是由于一方要另一方听从自己的摆布而产生的。不过，这种情况在我们家里，既不会出现在孩子身上，因为谁也不强迫他做什么，也不会出现在保姆身上，因为孩子从来不用命令的口气叫她办什么事。在这一点上，我和其他当母亲的人的做法完全不同：她们假装要孩子听仆人的话，而实际是要仆人听孩子的话。在我们家里，谁也不命令谁，谁也不完全按谁的指使行事。孩子要对他周围的人好，他周围的人才对他好。这样，他意识到他对周围的人除了亲切相处以外，便无其他的权威，因此也就变得听大人的话，讨大人的喜欢了。由于他力求别人拿真心对他，因此他也要拿真心对待别人。任何人都希望自己为别人所爱，这是自爱之心的必然结果。从这样的互爱中便产生了平等，从而用不着费多大力气便可养成良好的品行；反之，如果一刻不停地向孩子们说教，反而使孩子任何一样好的品行也养不成。

"我认为，儿童教育中的最重要的部分，在精心设计的教育中从来没有人提到过的部分，是要使儿童感觉到他是可怜的，柔弱的，需要依靠他人的，而且，正如我的丈夫向你说的，要让儿童知道在他身上还有大自然给人类戴上的沉重的生活的枷锁；不仅要使他知道人们为了减轻他的枷锁，做了哪些工作，尤其是要及早让他认识到上帝给他安排的是什么地位，他不能超过他能够达到的地位；人类社会的事情，没有一样不与他有关。

"年轻人由于出世后就娇生惯养，受到大家的关心；他们要什么，大人就给什么，想怎么胡闹，大人就让他们怎么胡闹，因此，他们在进入社会的时候便狂妄自大，往往要碰了一鼻子灰，遇到许多屈辱和不顺心的事以后，才知道改正。为了不让我的儿子去受这种凌辱人的教育，我一开始便使他对事物有一个较正确的看法。

"由于我深信初期的天性的活动一定是好的，对身体有益的，所以在开始的时候，我决定，他想要做什么，就让他做什么。但我也及时发现：孩子以为要人家服从他，是他的权利，因此，他几乎是一生下来就脱离了自然的状态，学我们的样子，沾染我们的恶习，由于我们的做法不对，使他养成了一些坏毛病。我发现，如果他所有的无理要求，我都一一满足的话，则他无理的要求将随着我对他的迁就而日益增加，因此，必须对他的无理的要求设置一个界限，到了这个界限，就应当加以拒绝。如果他平时很少遭到拒绝的话，则对此时的拒绝将感到十分难过。我不能让他一点难过的事情都不遇到，但我使他遇到的难过的事情要小，而且遇到的时间愈早愈好。为了使他遭到拒绝时候的难过心情小一点，我首先设法使他对我拒绝他的要求表示服从；为了使他心中难过的时间不至于过长，不至于叫苦连天地发展到表示反抗，我每一次拒绝，只要一说出口，就不再更改。当然，我拒绝的次数要尽可能少，而且要反复考虑决定之后才说。凡是打算给他的东西，他一说要，我马上就无条件地给他，而且出手大方；但是，如果他纠缠不休地硬要什么东西的话，那他是任何东西也要不到的。无论他哭也好，说好话也好，都是没有用的。这一点，他是完全知道的，所以他已经不采用这两个办法了。我一说不行，他就马上丢掉他要东西的念头，因此，当他看见我把他想吃的糖果收起来，把他手里捉的鸟放走，他也不怄气，因为他知道，要得到这两样东西，是办不到了。我把他手中的东西拿走，他也觉得无所谓，无非是自己不占有罢了；我拒绝给他的东西，他也觉得没有什么关系，无非是得不到罢了。他不拍桌子（拍桌子会伤他的手）也不打拒绝他的人；在种种使他难过的原因中，他知道，最重要的原因是他的要求不当，是他自己力量柔弱的结果，而不是由于别人有什么坏心……等一等！"她看见我要打断她的话的样子，便赶紧说道："我早就看出你不赞同我的意见；现在，让我来详细给你解释。

"孩子们之所以哭闹，是由于大人一听见他们哭闹就着急，对于他们的要求，不是迁就，就是拒绝。他们一看大人怕他们哭，他们就偏要哭，而且，有时候一哭就哭一天。为了制止他们的哭闹，无论是采取迁就的办法还是威吓的办法，都不对，几乎都是没有什么效果的。如果一听见他们哭，大人就赶快去瞎操心，这恰恰成了他们要继续没完没了地哭的理由，反之，如果大人不理他们，他们是不会哭个没有完的，因为，无论是大人也好，小孩也好，谁都不愿意白费力气的。我的大孩子就是这样；开头，这个爱乱叫乱嚷的小娃娃,把大家弄得没有办法。你看,现在在家里就一点也听不到他的吵闹声,就好像家里没有小孩子似的。他身体不舒服的时候哭,这是自然的声音,这就不能命令他不要哭,但是,只要他不舒服的感觉没有了,他马上就会停止哭闹的。因此,我对他的哭声非常注意,因为我知道他是不会无缘无故地哭的。这样,我就可以很准确地弄清楚他身上是不是真的感到哪儿痛,他是有病还是没有病。对于那些因为他们的无理要求得不到满足和只是为了让人家去哄他而哭的孩子,许多人都没有用这个好办法去处理。此外,我也承认,乳母和保姆也是不容易做到这一点的,因为,再也没有什么事情比听见一个孩子哭闹更令人心烦的了。好心的乳母和保姆是只顾眼前的,她们没有想到:今天叫他闭嘴不哭,明天他将哭得更凶。更糟糕的是,他将因此养成执拗的脾气,在他长大后对他产生严重的后果。正是这个使他在三岁的时候常哭闹的原因,使他在十二岁时常和大人顶嘴,二十岁时常和人家吵架,三十岁时盛气凌人,一辈子令人难以忍受。

"我现在来解答你的疑问,"她微笑着对我说,"孩子们当然知道我给他们东西,是为了让他们高兴,而在我要求他们做什么或者不让他们做什么时,他们当然也会猜想其中必有原因,只不过他们不问是什么原因罢了。这是我在必要时对他们行使权威而不采取说服办法所得到的另一个好处,因为,他们有时候虽看不出我行使权威的原因,但他们自然而然地会明白其中必有道理。相反,你只要有那么一次让他们说了算,他们以后就会认为什么事情都得听他们的,他们就会变成诡辩家、机灵鬼,心眼儿多,非常狡猾,爱讲歪道理,想方设法把那些不善于阐述自己看法的人弄得哑口无言。当你不得不向他们讲一些他们难懂的事情时,如果他们听不懂你煞费苦心的讲解,他们就会把你讲的话当做耳边风。总之,使他们事事听话的唯一办法,不是对他们讲一番大道理,而是让他们明白,在他们那样的年纪,他们还没有明白事理的能力,因为,在这个时候,他们总是从正面去理解事物的道理,除非你有意让他们产生另外的想法。他们是知道我爱他们的,因此他们也相信我不会为难他们,在这一点上,孩子们很少有弄错的时候。因此,当我拒绝把某种东西给我的孩子时,我根本不和他们讲什么道理,我不向他们说明我为什么不给,但我在方式上要尽量使他们看出其中的道理,有些时候是事后告诉他们。通过这个方法,他们便逐渐明白我之拒绝他们的要求,一定是有一个正确的理由的,尽管他们不可能每次都把这个理由看出来。

"根据这个理由,我也不允许我的孩子在大人谈话的时候乱插嘴,即使让他们随便说几句,我也不允许他们因此就傻里傻气地自以为同别人是一样的身份。当人们问他们的时候,我要求他们答话要稳重,语句要简练;不允许他们主动说这说那,尤其不能向年龄比他们大的人乱问一气,因为他们对年长的人应当表示尊敬。"

"实际上,朱莉",我打断她的话说,"一位如此慈爱的母亲,这样做法,已经是够严的了!毕达哥拉斯对他的弟子,也没有你对你的孩子这么严厉;你不仅没有把孩子当大人看待,而且可以说还生怕他们过早地脱离孩子气。他们对于不知道的事物,除了请教那些知识丰富的人以外,还有什么其他更好的办法自己去搞明白呢?巴黎的太太们,与你的做法不同,她们认为她们的孩子开始贫嘴的时间既不早也不长,而且想从孩子小时候说的那些傻话中看出他们长大的时候有多少才干;她们对你的这番理论将怎样看呢?沃尔玛先生也许会说,巴黎的太太们的那些看法,在一个以善于贫嘴薄舌为首要长处的国家里,也许是对的;在那样的国家里,你只要能说,就可以不动脑筋思考了。不过,既然你们想给你们的孩子创造一个美好的命运,你们将如何把那么幸福的生活和那么束缚人的规矩协调起来呢?你说你给了他们的自由,但清规戒律一大堆,你给的自由又如何使用呢?"

"什么?"她马上反问我道,"难道说不让他们侵犯我们的自由,就是妨碍他们使用他们的自由吗?难道说非要大家都静下来听他们的那些傻话,他们才高兴吗?不使他们产生虚荣心,或者,至少是不让他们的虚荣心有所发展,这才是真正为他们的幸福着想,因为人的虚荣心是造成大痛苦的根源;一个即使是十全十美的人,只要有了虚荣心,他从中得到的痛苦也将多于他所得到的快乐。①

"一个小孩子,如果看见围绕在他周围的人都洗耳恭听他的话,都鼓动他,称赞他,都迷迷糊糊地好像是在等他嘴里说出什么惊人的话,对他的每一句放肆的话都连声叫好,他对他自己将怎样想呢?一个大人的头脑是受不了那种虚假的叫好声的,你想想,一个小孩子的头脑又怎么经受得住呢!在小孩子的天真烂漫的话中,也可能有一些像历书上的预言似的话的。在那么多废话

---

① 如果虚荣心真能在地球上使一个人感到幸福的话,我敢肯定,那个幸福的人必定是一个傻子。——卢梭

当中，不偶尔碰巧有一两句精彩的话，那倒是怪事。你想象一下：对一个已经被自己的宝贝儿子弄得糊里糊涂的可怜的母亲，对一个根本就不知道自己说了些什么和自己为什么受到人家夸奖的孩子，连声叫好，其情状多么令人难堪！你不要以为我批评这种错误的做法，我自己就没有犯过这种错误；不，我知道那是错误的，但我也犯过这种错误。不过，尽管我夸我的儿子巧于应答，但我总是暗暗称赞。他虽看见我对他回答的话鼓掌，但他绝不会因此就变成一个喜欢碎嘴唠叨的爱说废话的人；那些吹捧的人，虽要我让孩子再说一次，但他们绝不会笑我有爱听吹捧话的弱点。

"有一天，我们家里来了客人。当我去吩咐仆人做事的时候，我进屋就看见四五个大傻瓜在和我的孩子玩；他们夸大其词地向我叙述他们刚才听见他说了许多殷勤待客的话，而且说他们听了以后感到很惊奇。'先生们'，我相当冷静地对他们说道，'我知道你们有许多办法使一个木偶说好听的话，不过，我希望我的孩子将来长成大人后他无论做事或说话都自己做主，都很得体，我心里那才真正高兴呢。'他们看见没有讨到我的好，就开始把我的孩子当孩子看待，而不当做木偶戏中的木偶；我不和他们一起串通捉弄孩子，他们很明显地感觉到我是不赞同他们先前那种对待孩子的做法的。

"至于向大人提问题，我也不是不分青红皂白地什么事情都不许他们问。我首先对他们说：他们想知道什么事，就有礼貌地直接问他们的父亲或者问我；但我不允许他们一想到点什么，就冒冒失失地打断别人严肃的谈话，让人家听他们的。提问题的方法，并不像人们想象的那么容易。这方面，老师总是比学生做得好；

必须知道许多事情之后,才知道问你所不知道的事情。有一个印度人说得好:有学问的人无所不知,但不懂就问;而无知的人什么都不懂,甚至连该问哪些事情也不晓得。[①]由于缺乏这方面的初浅的知识,所以放肆的孩子问的都是一些毫无意义的傻问题,或者问一些非他们的智力所能弄懂的难问题。他们无需什么都知道,所以他们也用不着什么都问。他们之所以通常从大人问他们的问题中得到的教益,比他们从自己问的问题中得到的教益多,其原因就在这里。

"既然这个方法对他们非常有用,那么,他们应当掌握的最重要的头一门学问,难道不是如何慎于发问和语言谦逊吗?难道要他们放下这门学问不学而去学其他的学问吗?孩子们还不到能发表意见的时候,就听任他们毫不礼貌地对大人随便乱提问,这对他们将产生什么后果?有些爱提问题的小孩子之所以问这问那,其目的,不是为了增长知识,而是为了纠缠别人,使大家都为他们办事;另外,他们发现,乱问问题,有时候会把人问得窘态毕露,只要他们一开口,每个人就感到紧张,他们便觉得絮絮叨叨地乱问一气,是挺好玩的。这样做,不仅对他们毫无教益,而且将使他们变成莽撞和自以为了不起的人。我认为,这个方法的害处大于他们得到的好处,所以是不能采用的,因为,他们无知的程度虽将逐渐减少,但爱虚荣的心是必然会愈来愈大的。

"过多地要求孩子说话谨慎,很可能产生这样一个害处:我的儿子到懂事的年龄时,与人谈起话来,显得不那么轻松,讲的

---

① 这段话,引自沙尔丹的著作,卷5第170页,12开本。——卢梭

话不那么生动，不那么多；不过，即使这个不把光阴浪费于说废话的习惯可使一个人的思路变得狭窄，但我认为，慎重的寡言少语是一个优点，而不是一个缺点。只有那些无所事事的人，成天闲得无聊，才觉得会说废话是一件好玩的事情，而且还说待人接物的要诀是：对人说话，尽说空话；送人礼物，尽送无用的东西。人类社会是有一个高尚的目的的；一个人即使在非常快乐的时候，也应当保持庄重。他不能把表达真理的器官，把人身上至为重要的器官，把唯一使人和动物有所区别的器官，用来像动物那样闹闹嚷嚷乱说一气，他应当用它来表述他的好的思想。如果他言之无物，尽说废话，那他就连动物都不如了，而一个人即使在消闲的时候，也应当保持人的尊严，在运用这个器官方面，高于动物。有一种表达礼貌的方式是尽说空话，把人弄得晕头转向，不知所云；而我认为，最好的表达礼貌的方式是：尽量让别人说话，听别人讲，而少让自己讲；要尊重别人，切莫以为说几句蠢话就可使别人感到高兴。处世的良法，使我们成为大家都乐于接近和喜欢的人的最好的办法，并不是如何使自己引人注目，而是要多让别人去出风头；自己处处谦逊，让别人的骄傲尽量表现出来。我们不必担心一个聪明人由于克制和谨慎而说话不多，会被人家当做傻子。即使在某些地方很可能出现这种情况，但对一个什么话也没有说的人，是不可能做出正确评价的，人们是不会因为他少言寡语就轻视他的。相反，人们都认为默不作声的人是很厉害的，在他们面前说话要多留神。这种人一讲话，大家都很注意听；这样一来，把选择讲话的时机和权利都交给他们了，一字不漏地听他们讲，把好处全都奉送给他们了。即使是一个非常聪明的人，要他在交谈过程中每次都聚精会神地讲，也是很难做到的，不过，他偶尔出言不慎，事后后悔的情况也是不多的；他宁可把中肯之言放在心里不说，也不愿意犯说话说得不对的错误。

"从六岁长到二十岁，这中间相隔的时间很长；我的儿子不能永远是小孩，他的理智一开始活动，他的父亲就让他加以运用。至于我，我的任务到这时候就结束了。我生养孩子，但我没有承担教育孩子的任务，我没有这个奢望；我希望（她一边说，一边看着她的丈夫），有更适当的人担任这个工作。我是丈夫的妻子，又是孩子的母亲，我知道如何尽我的职责。再说一次，我承担的任务，不是教育我的孩子，而是使他们做好接受教育的准备。即使在这方面，我也是一步一步地按照德·沃尔玛先生规定的办法做的。我愈是按他的办法做，我愈感到他的那套办法是正确的，而且和我的办法完全吻合。你看一看我的孩子，尤其是大男孩；在世界上，你还见过比他更天真快乐而又不纠缠大人的孩子吗？你看他们成天笑嘻嘻的，跑呀，跳呀，但从来不使人感到心烦。在他们这样的年纪，能这样玩耍，这样独立活动，他们怎能不快活，怎么会滥用他们的自由？无论我在他们面前或不在他们面前，他们都不感到拘束；相反，在他们的母亲面前，他们反而觉得心里更踏实。尽管那些约束他们的严格规矩是我定的，但他们并不觉得我特别厉害，因为，如果我不能成为他们在世界上最亲爱的人，我心里是会非常难过的。

"当他们在我们身边的时候，我们要他们非遵守不可的唯一的规矩是：要尊重自由，即别人不妨碍他们，他们也不能妨碍别人；他们闹闹嚷嚷的声音不能比别人谈话的声音高；我们不要他们伺候我们，他们也不要指望我们去伺候他们。如果他们不遵守这些正确的规定，他们就要吃苦头：我们马上把他们打发走；我的诀窍是：把所有这些规定归结为一条，那就是：使他们感觉到，他们到任何地方都没有在这里和我们在一起好。除此以外，我们对他们就没有任何别的限制了。我们也不强迫他们学这学那；我们也不自以为是地去改正他们的缺点和错误，把他们弄得不高兴；我们从来不责备他们，他们唯一的功课，是到大自然纯朴的环境中去实践。按照前面讲的那些方法教育，他们每个人的举止言行都很合我的心意，说话和办事都十分聪明和细心，使我找不到什么可挑剔的，即使出现了什么错误，由于我经常和他们在一起，也易于防止和纠正。

"举个例子来说：昨天，哥哥硬把弟弟的一个小鼓抢走了，弄得弟弟大哭一场。芳烁茵什么话也没有说，但一小时以后，正当那个抢劫者玩鼓玩得起劲的时候，芳烁茵从他的手中把鼓夺走了。他跟在她身后，要她把鼓还他。这一回，又轮到他哭了。她对他说：'你仗着你的力气把鼓从你弟弟手里抢走了，我也照你的样子，用我的力气把鼓从你手里抢走。你还有什么话好说呢？我的力气不是比你大吗？'接着，她也模仿他的样子使劲敲鼓，好像玩得挺高兴似的。直到这时，芳烁茵都做得对。但过了一会儿以后，她想把鼓还给小弟弟，我便制止了她，因为这样做，不仅没有让当哥哥的受到自然的教育，反而在他们弟兄之间播下了记恨的种子。由于失去了鼓，弟弟忍受了严酷的需要的规律之苦，而哥哥也知道了他那样做是不对的，两个人都认识到了他们的弱点，一会儿以后，又都很高兴了。"

一个如此之新，而且和通常的做法如此相反的办法，起先是使我大吃一惊，后来，他们进行一番解释，使我对他们的办法不能不感到钦佩。我认为，在培育人方面，自然的进程永远是最好的进程。我发现，他们的办法的唯一缺点，而且在我看来是一个很大的缺点，那就是，忽视了孩子们目前正处于能力的旺盛时期（随着年龄的增长，这个能力将愈来愈衰弱的）。我觉得，在理解的能力愈是微弱和不足的时候，孩子们愈是应当锻炼和增强他们的记忆力，这样才能使培养工作收到成效。"在理智产生以前，"我说道，"应当用记忆力来代替理智，而在理智产生以后，也应当使它更加充实。一个人的头脑如不运用，就会变得很迟钝。在没有耕耘的土地上，种子是不会生根发芽的。为了把孩子们训练得有理智，竟先把他们弄得很愚蠢，这种做法是很奇怪的。""什么，愚蠢！"德·沃尔玛夫人立刻就嚷了起来，她问道："你要把记忆力和判断力这两个极不相同，而且几乎是正好相反的东西混为一谈吗？①把许多未彻底理解而且又毫不连贯的事物灌输给一个幼小的头脑，这对理智来说，是害多于利的！我承认，在一个人的所有的官能中，记忆力是第一个发展得快，并在儿童时期最容易加以培养的能力。不过，依你看，是优先教他们最容易的东西呢，还是优先教他们最需要知道的东西？

"你看一看人们是怎样训练孩子们的这种能力的，看一看人们是多么粗暴，为了要孩子们死记一些东西便采取了多少强迫的做

---

① 我觉得，这种看法不对。对判断力来说，再也没有什么东西比记忆力更是它所需要的了；当然，我所说的记忆力，并不是记单词的能力。——卢梭

法；你比较一下他们从这些做法中得到的益处，和为了这点儿益处而受到的痛苦。什么？在一个孩子还没有把语言学好以前，就强迫他去学他将来根本不说的话，就硬要他没完没了地背诗和作诗（而实际上他对诗是一点也不懂的，对诗句的和谐是一点也不明白的），拿一些他毫无概念的圆圈和球形的东西把他的脑筋搞糊涂，硬要他记千百个城镇与河流的名称，结果，经常把名称搞混，每天都得重学。为了增进他的判断力，就用这样的方法去训练他的记忆力吗？为了学那些零零碎碎的知识，他流了好多眼泪，这值得吗？

"如果那些东西仅仅是没有用处，我也不至于提出这么多的批评；不过，教一个孩子尽说废话，并自以为已经知道了他根本就不懂的东西，这个问题还不严重吗？那么一大堆东西，不影响我们吸收充实我们头脑的必需的知识，这可能吗？岂不是宁肯让孩子一点记忆力都没有，也比给他塞进那一堆有害的东西强吗？因为，有了那一堆东西，哪里还有存放必要的知识的地方？

"不，虽说大自然使孩子们的头脑具有接受各种印象的能力，但不是为了让他死记历代国王的名字和他们登基的日期以及纹章、天体和地理的名称；硬要孩子在智力贫乏的童年时期学这些东西，不仅在他这样的年纪毫无意义，而且以后无论他长到什么年纪也是没有用处的。我们应当使一切与人在社会中的地位有关的概念，和所有涉及他的幸福并对他在履行其天职方面有所启迪的东西，用不可磨灭的文字及早地深深印在他的脑海里，使他在一生中按适合于他的身份和能力的方式，用它们来指导他的行为。

"即使不读书，儿童的记忆力也不会因此就闲着没有用处。凡是他看见的和听见的事情，他都要加以注意，把它们记在心里。他把大人的一言一行都记在心中；他周围的事物就是书，不知不觉地使他所记的东西得到丰富，从而使他的判断力也得到增进。培养他的智力的最好的办法是：对用来教育他的东西慎加选择，不断把他应当知道的事物告诉他，而把他不应当知道的事物隐藏起来；用这个办法给他建立一个有利于他青年时期的教育和指导他终生行为的知识宝库。是的，这个办法不能培养出小神童，也不能给家长和老师增添光彩，但它培养出来的人，都是很精明的人，身强力壮，身心都很健康；他们小时候虽不受到人家的夸赞，但长大以后会受到人们的尊敬的。

"不过，你不要以为我们完全忽略了你所关心的那些事情。一位细心的母亲，是充分掌握她的孩子们的思想的。有许多办法可以用来刺激和培养孩子们读书或做这做那的欲望的；只要那些办法能够和孩子们享受的自由相协调，而且在他们身上不产生恶习的种子，我当然乐于采用，但一旦发现它们没有什么好的效果，我也不会还要坚持那样做，因为，读书的时间总是有的，而培养他有一个良好的天性，那是一分一秒也耽误不得的，因此，德·沃尔玛先生对儿童的理智的初期发展有这样一个看法：他认为，即使他的儿子长到十二岁的时候什么事情也不懂，那也没有关系，只要他到十五岁的时候受的教育不算少就行了，何况孩子将来是不是一个学者，那并不重要；而最重要的是，他为人要明智和善良。

"你知道，我们的大孩子识的字已不少了。现在让我把他产生学识字的兴趣的经过告诉你。我隔三岔五地给他讲一段拉·封登的寓言，他听了很高兴，但是，当他问我乌鸦是不是会说话的时候，我便有所警觉了。我发现，要使他非常清楚地知道寓言和谎言之间的区别，那是很难的。我要尽力解决这个问题。由于我认识到寓言是为大人写的，而对于小孩子，就应当讲真话。因此，我决定不再给他讲拉·封登的寓言；我给他选了一本很有趣味的和有教育意义的小故事书，其中大部分故事都是从《圣经》上摘录下来的。我发现，孩子对我给他讲的故事很喜欢，因此，我想，我还须使我讲的故事对他有用处；于是，我就自己试编了一些好听的小故事，在必要的时候讲给他听。我陆陆续续地把我编的故事抄在一本有图画的本子上，把本子合起来，拿在手中，时而给他念几段。故事不多，也不太长，而且经常重复讲，并在讲新故事以前，还要对老故事讲几句评语。当贪玩的孩子听《圣经》上的故事听腻了的时候，我就拿这些小故事来解除他的厌烦，但是，当我看见他听得正入神的时候，我就说我想起了一件事情要去办理，在讲到最有趣的地方走了，故意漫不经心地把本子放在那儿。他立刻去请他的保姆，或者请芳烁茵或别的什么人，把故事念完。但是，由于他没有命令任何人的权力，而且我早已告诉大家怎么对付他，所以大家并不是每次都照他的要求办；有的表示拒绝，有的说另外有事情，有的故意结结巴巴、慢慢吞吞，把故事念得乱七八糟，有的模仿我的做法，把故事念到一半，便放下书走了。当他发现自己每次都要这样依靠别人的时候，有人就悄悄建议他学识字，以后就可以不依靠别人，自己想什么时候看书，就什么时候看书。他赞成这个办法。这时候，就要有一些相当热心的人教他识字；这对他来说，是一个新的难题，不过，我们用难学的字难他，难到适可而止。尽管采取了这些办法，他也有三四次表示厌烦了；大家不管他，让他爱干什么就干什么。我努力把故事愈编愈复杂，于是他又很高兴地来找我教他。尽管他开始学识字才六个月，但他已差不多能够自己单独一个人看书了。

"我大体上就是采用这些办法引起他求知的热情和愿望，使他不断去寻求能够加以应用而且又适合他年龄的知识。尽管他已学会看书，但他的知识并不是从书本上得来，因为在书中是学不到这些知识的；而且，无论从哪一方面讲，啃书本是不适合于儿童的。我希望使他早日养成用思想而不用书上的词句来充实头脑的习惯，这就是我为什么从来不让孩子背书的原因。"

"从来不？"我打断她的话说道，"这不可能，因为他要学教理问答课本和学念祷告词嘛。""这你就不知道了"，她说道，"关于祷告，我每天早晨和每天晚上，都在我的孩子们的房间里大声祷告，这已经足够他们学了，用不着另外再强迫他们照书本背了。至于教理问答课本，他们根本就不学。""什么！朱莉，你的孩子不学教理问答课本？""不学，我的朋友，我的孩子不学教理问答课本。""为什么？"我吃惊地问道，"一位如此虔诚的母亲！……我不明白你的意思。你的孩子为什么不学教理问答课本？""为的是他们将来有一天会真正信仰宗教"，她说道，"我希望他们将来有一天会成为真正的基督徒。""啊！我明白了"，我大声说道，"你不希望他们的信仰只是在口头上，不希望他们只知道他们属于哪一个教，而希望他们要信仰它。你的看法很有道理。要一个人相信他不懂的事物，那是不可能的"。"你真会说话"，德·沃尔玛先生微笑着对我说道，"你能由于偶然的原因成为基督徒吗？""我要努力争取成为一个基督徒",我坚定地对他说道,"在宗教问题上,凡是我能懂得的东西,我都相信;而对于不懂的东西,我表示尊重而不否认。"朱莉向我做了一个表示赞成的手势,接着,我们又继续谈论我们的话题。

在谈到其他的问题时,她的话使我想象得到她对孩子的爱真是无微不至,而且有远见。她说,她的方法完全适合她自己确定的两个目标,即:一边让孩子的天性自由发展,一边对它进行研究。"在任何事情上,我的孩子都不会遇到什么人与他们为难,"她说,"而他们也不滥用他们的自由;他们的个性既不会变坏,也不会变得过分拘谨。我们让他们自由活动,以增强他们的身体,并培养他们的判断能力,我们不用奴役人的事情去败坏他们的心灵。别人对他们的恭维,也不会使他们因此就自以为了不起;他们既不把自己看作是有力量的人,也不把自己看作是戴着锁链的动物,而是把自己看作自由自在的幸福儿童。为了保证他们不受外界的罪恶的侵害,我认为,他们拥有一种比大人说的千言万语更为有效的预防药,因为,大人的千言万语,他们是不听的,听不到几句就感到厌烦的。他们的预防药是:他们周围的人的模范行为和言谈(在我们家里,大家谈话都是很自然的,我们没有专门为小孩子编造一套话)以及他们身在其中的和睦气氛、彼此协调与言行一致。

"在他们天真烂漫的活动中,他们没有看见过罪恶的事例,他们怎么会做出罪恶的事情?他们没有任何机会接触使他们产生贪欲的事情,他们怎么会产生贪欲?没有人对他们灌输偏见,他们怎么会产生偏见?你看得很清楚,他们没有做过任何错事,他们身上没有任何不良的倾向。他们虽没有什么知识,但他们的头脑并不笨;他们虽也有欲望,但并不是非要人家满足其欲望不可。他们往坏的方面发展的倾向,早已得到防止;大自然的安排是正确的;我认为,我们所指摘的孩子们身上的缺点,其根源,不在大自然,而在我们自己。

"我们的孩子,完全按照他们心中没有被外界事物所扭曲的倾向行事,因此他们没有任何外露的和虚假的样子。他们严格保持他们原来的性格;我们天天都能看到他们原来的性格有所发展,并对天性的活动进行研究,深入探讨它们最奥秘的原理。孩子们深信他们不会遭到大人的斥责或处罚,所以他们也就用不着撒谎或做事躲躲藏藏的。无论是在他们之间谈话,或是对我们说话,都让人一眼就可看出他们内心深处的活动。他们之间成天自由自在地说个没完,甚至在我们面前也没有一时一刻停止过。我从来不责备他们,也不命令他们闭着嘴巴不说,也不假装在听他们讲话;即使他们说的是一些应当加以斥责的乱七八糟的话,我也装作不知道,但实际上,我对他们讲的话是非常注意地听的,只不过他们没有看出来就是了。我把他们做的事或说的话都如实地记下来。应当加以培育的,是地上自然生长的东西。他们嘴里的一句难听的话,就是一株杂草,而它的种子,则是由风从别处刮来的。如果我用斥责的办法把那株杂草割掉,它不久又会重新长起来的。我不这样做,我暗中查找它的根源,我要除它的根。我只不过是园丁的助手而已",她微笑着对我说,"我要锄去园中的杂草,把有害的草都除尽,而培育好草的工作,则由他去做。

"你要知道,尽管我花了许多心血,但要取得成功,还须得到他人的支持；我的工作的成功，有赖于也许只有在我们这里才能找到的各种因素的配合。我们需要有一个知识渊博的父亲的指导，才能摆脱根深蒂固的偏见，找到从孩子诞生之时起就开始培养的好办法。在实行这个办法方面，我们需要他的耐心，我们不能有任何与他的指导相矛盾的做法；孩子需要有相当充实的先天所得和令人喜爱的健康的身体；他周围的仆人必须是很聪明的有心人，在主人家里要不停地工作，只要有一个仆人是粗野的或爱吹牛拍马的，就会使大家的苦心安排破坏无遗。我当然知道，有许许多多外来的因素会使我们精心设计的方案遭到破坏，把我们齐心协力进行的工作全盘打乱；感谢命运的帮助，一切都进行得很顺利，不过，应当指出，我们之所以能实行这种明智的做法，在很大的程度上有赖于我们有一个幸福的家庭。"

附录二 卢梭年谱

在我的同时代人当中，没有任何人是像我这样名满全欧，而我本人是何许人，却无人知晓。我的书传遍了各个城市，而书的作者转来转去，都局限在几处小小的树林中。

——卢梭：《忏悔录》草稿

一、日内瓦 童年和少年时期。

1712年6月28日 让-雅克·卢梭诞生于信奉喀尔文教义的日内瓦共和国。"我父亲是伊萨克·卢梭男公民，母亲是苏珊娜·贝尔纳女公民。"母亲苏珊娜因患产褥热，在让-雅克出生后8天便去世："我使母亲丧了命。我的诞生，是我的许多不幸事情中的第一件不幸的事情。"（《忏悔录》，第1卷）

1720年 8岁开始对读书识字产生浓厚的兴趣，尤其喜欢读古希腊史学家普鲁塔克的《名人传》："它是我童年时候阅读的第一本书，也是我晚年阅读的最后一本书；可以说只有这位作者

的书，我没有一次阅读是没有收获的。"（《一个孤独的散步者的梦·第四次散步》）

1722—1724年　被送到波塞村，寄住在朗伯西埃教士家，由教士的妹妹嘉布里尔照管。

1725年　开始在雕刻匠杜康曼家当学徒，订了一个为期5年的合同，跟杜康曼学手艺。

二、萨瓦省　华伦夫人　青年时期。

1728年3月4日　与同伴们到日内瓦郊外散步，因贪赏田野风光，回去时城门已经关闭。让-雅克叹息一阵之后，便做出决定：不回日内瓦；从此开始过第一次流浪生活，这时还不满16周岁。

3月21日　到安纳西投奔华伦夫人，但见面后不久，夫人就把他打发到都灵天主教办的专门收留流浪人的收容所。

4月12日　让-雅克在收容所改宗天主教。

在维尔塞里斯伯爵夫人家当了3个月的仆役，兼做笔录夫人口授信件的工作；后来又到古丰伯爵家当听差，跟伯爵的次子古丰神甫学拉丁文和意大利文。

1729年　回到安纳西，住在华伦夫人家。"现在，我终于在她的家里安心住下来了。……为什么我第一天一和她见面，就仿佛和她相处了十年似的那么亲切，谈话那么随便，无拘无束呢？"道理很简单，因为她管他叫"孩子"，他称她为"妈妈"。（《忏悔录》，第2卷）

华伦夫人发现小卢梭有几分音乐天才，就让他去跟教堂的音乐总监勒·梅特尔学音乐。

1730年7月　到洛桑，后来又到纳沙泰尔，化名沃索尔·德·维尔勒夫，冒充来自巴黎的音乐家，教几个幼童学音乐，以此糊口。

1731年10月　在萨丁国王治下的萨瓦省土地测量局当登记造册的文书。

1735—1736年　夏梅特。"在这里我开始了我一生中的短暂的幸福生活。……我看见妈妈，就感到自己很幸福。……我读书，悠悠闲闲，在园中劳动，采摘果子，帮着做家务活儿。我走到哪里，幸福就跟随我到哪里。"

1737年6月　他写了一首诗，并配上曲子，题名《一只蝴蝶吻一朵玫瑰花》，刊登在《法兰西信使报》上。这是卢梭第一次铅印公开发表的作品。

1740—1741年　在里昂陪审团审判长德·马布里先生家当家庭教师，教他的两个儿子读书。

三、初到巴黎

1742年　带着他编写的新的音乐记谱法和他18岁时写的一部喜剧《纳尔西斯》到巴黎，试图在首都打开一条出路，找到光明的未来前程。

8月22日　在科学院宣读他的论文《关于新的音乐符号的设想》。院士们听后，对他说了几句表示祝贺的话，并发给他一张漂亮的证书，得到的结果，仅此而已。

是年冬　与狄德罗相识。

1743年　与杜宾夫人相识。

应法国新任驻威尼斯共和国大使蒙台居之聘，担任使馆秘书。在威尼斯期间，通过对威尼斯政府的观察，发现这被人们夸耀的政府"有许多毛病"，遂产生了写一部论政治制度的书的念头。这个念头后来并未完全实现，只把"已经写成的各部分中可供采择的各段"加以编次，写成一篇"简短的论文"，题名《社会契约论》。

1744年　离开法国驻威尼斯使馆回到巴黎。

1745年　完成芭蕾舞剧《风流的缪斯》的创作。

与目不识丁的洗衣女工黛莱丝·勒瓦赛尔相识，不久就开始同居。

1746年　担任杜宾夫人的秘书。

创作诗歌《茜尔维的林荫道》

1747年　创作喜剧《冒失的婚约》。

与狄德罗和孔迪亚克一起拟创办一个以"报导新出版的图书"为目的的刊物《嘲笑者》，但这个计划未能实现，刊物胎死腹中。

1748年　与埃皮奈夫人及其弟媳乌德托夫人相识。

1749年7月24日　狄德罗被逮捕，关进巴黎城郊的万森纳监狱。

10月　卢梭在去万森纳监狱探视狄德罗的途中休息时，看到《法兰西信使报》上刊登第戎科学院的有奖征文题目："论科学与艺术的复兴是否有助于使风俗日趋纯朴？"事隔12年之后，他在1762年写给法国国家图书总监马尔泽尔布的一封信中回忆他当时看到这个征文题目时的心情:"如果有什么东西能使人产生突然的灵感的话,那就是我在看到那个问题的时候心中产生的震动:我突然感到心中闪现着千百道光芒,许许多多新奇的思想一起涌上心头,既美妙又头绪纷繁,竟使我进入了一种难以解释的思绪万千的混乱状态。"

1750年　卢梭的应征论文《论科学与艺术的复兴是否有助于使风俗日趋纯朴》获奖,收到一个价值300利弗尔的金质奖章。这篇论文,后来被学界称为"第一篇论文"。

1751年　《论科学与艺术的复兴是否有助于使风俗日趋纯朴》正式出版发行;在标题页上署的不是作者的姓名,而是"一个日内瓦公民著"——"日内瓦公民"一词以后就成了卢梭的"代名词"。论文一发表,默默无闻的卢梭一夜之间便出了名。

1751—1752年　围绕《论科学与艺术的复兴是否有助于使风俗日趋纯朴》这篇论文展开了一场大论战。

1752年　他的歌剧《乡村巫师》在国王路易十五的离宫枫丹白露演出,获得巨大成功。

法兰西剧院上演他写的喜剧《纳尔西斯》。

1753年　《法兰西信使报》上刊登了第戎科学院又一有奖征文题目"人与人之间的不平等的起因何在;这个现象是否为自然法所容许"。

卢梭到圣热尔曼树林深处,接连思考8天之后,回到巴黎撰写他的应征论文,论文的标题为《论人与人之间的不平等的起因和基础》(后来人们称之为"第二篇论文")。

发表他1752年撰写的《论法国音乐的信》,极力贬低法国的音乐，激怒了法国人；歌剧院拒绝他入场看戏。

1754年6—10月　日内瓦。重新皈依他的先人信奉的宗教，信奉喀尔文教义，并恢复他日内瓦公民的资格。

1755年　《论人与人之间不平等的起因和基础》出版发行，并在论文前添写了一篇献给日内瓦共和国的《献辞》和一篇《序言》。

《百科全书》第5卷发表了卢梭撰写的《政治经济学》。

四、迁出巴黎城　离群索居。

1756年4月9日　住进埃皮奈夫人向他提供的退隐庐。

应杜宾夫人的要求，担任圣皮埃尔神甫遗著的整理和摘编工作，最后的结果是完成两部稿子：《圣皮埃尔神父的〈永久的和平计划〉摘要》和《圣皮埃尔神父的〈部长联席会议制〉》，并分别撰写了《评〈永久的和平计划〉》和《评〈部长联席会议制〉》。

8月18日　他写了一封信给伏尔泰，批驳伏尔泰就里斯本大地震写的诗作《里斯本大灾难咏》。

1757年4月　与狄德罗发生争吵，旋又和解。

春—夏　对苏菲·乌德托夫人产生爱慕之情；开始撰写长篇书信体小说《新爱洛伊丝》。

10月　与格里姆、埃皮奈夫人及狄德罗发生争吵。

12月15日　搬出退隐庐，迁居蒙莫朗西村的蒙路易。

12月　收到《百科全书》第7卷，内有达朗贝尔写的词条"日内瓦"；卢梭读后，决定撰文批驳。

1758年　长10万余言的《致达朗贝尔的信》完稿，并致函达朗贝尔本人告知此事。

7月　时任图书审查官的达朗贝尔亲自批准，允许卢梭的信出版发行。

60余万言的《新爱洛伊丝》全稿杀青。

开始写《爱弥儿》。

1759年　与卢森堡元帅及其夫人缔结友谊。

1761年　《新爱洛伊丝》（雷伊版）开始在巴黎销售，取得巨大的成功。

把《社会契约论》的誊清稿交给出版商雷伊。

《爱弥儿》在阿姆斯特丹开始印刷。

1762年1月　接连给法国国家图书总监马尔泽尔布写了4封信，表述他的"性格和一切行动的动机"。这4封信被论者认为是他后来的《忏悔录》的前奏。

五、风云骤变　开始逃亡

1762年4月　《社会契约论》在阿姆斯特丹出版；法国政府严禁此书进入法国。

5月末　《爱弥儿》在巴黎开始销售，旋被没收，当众焚毁。

6月9日　巴黎高等法院下令逮捕《爱弥儿》的作者；卢梭得到孔迪亲王的通风报信后，不得不连夜出逃，离开蒙莫朗西，开始他的第二次流浪生活。

6月14日　《爱弥儿》和《社会契约论》同时在日内瓦被查

禁；日内瓦当局扬言如果作者胆敢来到日内瓦，就立即逮捕。

8月20日　巴黎大主教博蒙发表一篇训谕，猛烈抨击《爱弥儿》。

11月　索尔邦神学院公开谴责《爱弥儿》；教皇克里门特十三颁发敕令，支持神学院的行动。

1763年3月　卢梭发表《致巴黎大主教博蒙书》，反驳博蒙对《爱弥儿》的批评。

5月12日　卢梭公开发表声明，放弃他"日内瓦共和国和日内瓦城的有产者的身份和公民的称号"。

日内瓦检察长特农香发表《乡间来信》攻击卢梭。

1764年10月　卢梭针锋相对地发表《山中来信》，反击特农香的《乡间来信》，为《爱弥儿》和《社会契约论》辩护，并严厉抨击日内瓦的宗教和政治制度。

莫蒂埃。开始写《忏悔录》。

1765年　卢梭的《山中来信》在巴黎被当众焚毁。

为科西嘉起草了一份《科西嘉制宪意见书》。

9月6日　深夜，莫蒂埃村民在该村教士的煽动下，向卢梭的住房投掷石头，打碎了他的窗子和一些零碎东西。

9月12日—10月25日　离开莫蒂埃，避居圣皮埃尔岛："在所有我曾居住过的地方中，没有一个地方是像碧茵纳湖中心的圣皮埃尔岛那样使我真正感到十分快活，并使我对它产生极其甜蜜的怀念之情。"（《一个孤独的散步者的梦·第五次散步》）

10月29日　被逐出伯尔尼。

11月—12月　在斯特拉斯堡，最后决定去英国伦敦。

1766年1月4日　在休谟与德吕兹的陪同下，悄悄离开巴黎，先到伦敦，后到伍顿；在伍顿继续写他在莫蒂埃开始写的《忏悔录》。

7月　开始与休谟不和，对休谟产生猜疑，两人书信往还，互相争吵。

六、潜回法国

1767年5月　离开伦敦，潜回法国，化名勒鲁，隐居在特里。在特里写完《忏悔录》第一部分（第1—6卷）。所编《音乐词典》在巴黎开始销售。

1768年6月中旬　离开特里，先到里昂，后到格勒诺布尔、尚贝里，最后定居在勃古安。

8月30日　在勃古安，与共同生活了25年的黛莱丝正式结婚，从此黛莱丝才有了名分——"卢梭夫人"。

七、重返巴黎

1770年1月中旬　卢梭恢复真名"让-雅克·卢梭"。

6月24日　与黛莱丝一起又回到他们曾经居住过的普拉特里埃街的圣灵公寓，重操旧业，替人抄写乐谱谋生。

夏　写完《忏悔录》第二部分（第7—12卷）。

12月　在佩泽侯爵家"向少数几个经过挑选的正直的人"朗读他的《忏悔录》。

1771年5月　应埃皮奈夫人的要求，巴黎警察局下令禁止卢梭当众朗读他的《忏悔录》。

为波兰人写的《论波兰的治国之道和波兰政府的改革方略》完稿。

1772年　写了8封关于植物学的信。

开始写《卢梭评让-雅克》(即后来人们简称的《卢梭对话录》)。

1775年10月31日　创作的歌剧《皮格马里翁》在法兰西喜剧院上演，演出很成功。

1776年《卢梭评让-雅克》对话录3篇全稿写完。

秋　开始写《一个孤独的散步者的梦》。

白杨岛上的卢梭墓（李平沤1995年10月摄）
大地万籁俱静，一泓清澈的湖水，静静的涟漪，他的心得到了永远的安息。

1777年春夏　写完第三、四、五、六、七次《散步》。

1778年1—4月　写完第八和第九次《散步》。

5月26日　卢梭接受吉拉尔丹侯爵的邀请，住进侯爵的埃默农维尔山庄旁边的一座小楼里。

7月2日　写第十次《散步》未终篇；早餐后，突感不适，头部剧烈疼痛，延至上午11时，心脏停止跳动，与世长辞。

7月4日夜　人们把卢梭的遗体安葬在埃默农维尔湖中心的白杨岛上。"大地万籁俱寂，一泓清澈的湖水，静静的涟漪，他的心得到了永远的安息。"[①]

八、身后的光荣

1782年　《忏悔录》上半部、《卢梭评让-雅克》和《一个孤独的散步者的梦》在日内瓦出版。

1784年　《实用植物学词典》出版。

1789年　法国大革命前夕，马拉等人在巴黎街上，特别是在王宫宫墙外面的林荫道上向群众朗读并讲解卢梭的《社会契约论》。

7月14日　巴黎人民攻陷巴士底狱，拉开了法国大革命的帷幕。

1790年7月　巴黎人民抬着卢梭的半身像在街上游行。《忏悔录》下半部出版。

1791年　巴黎市政府决定，将卢梭居住过的普拉特里街更名为"让-雅克·卢梭街"。

---

① 特鲁松著：《卢梭传》，第409页。

12月21日 制宪会议做出决议：在巴黎为卢梭立一尊全身像。

1792年 日内瓦大议会宣布撤销对卢梭的逮捕令。

1794年10月9—11日 根据国民公会的决议，卢梭的遗骸被从白杨岛上的墓地启出，重造新棺，护送到巴黎，安放在先贤祠邦德翁。

10月11日 "大约9点钟，一大群人拥拥挤挤地争着看显要

蒙莫朗西市爱弥儿街的卢梭像

的人和各界代表把灵柩护送到'供奉不朽的人的殿堂'①。每一群人的手里都举着上面写有大字的牌子。在巴黎人的队伍的牌子上写着'人权'二字，下面还有一行字：'第一个提出人权是不受时效约束的人，是他'；艺术家们的牌子上写道：'他使有益于人的艺术重现光彩'；妇女们的挂着黑纱的牌子上写着'他使母亲们认识到了她们的责任，并使儿童们得到了幸福'；在来自日内瓦的代表们举的横幅标语上写着既颂扬死者又表示日内瓦人赎罪之心的话：'贵族统治的日内瓦驱逐他，新生的日内瓦为他恢复了名声'；在国民公会议员们前导的牌子上写着《社会契约论》是立法者的指路明灯'。"②

---

① 供奉不朽的人的殿堂：即前面提到的"先贤祠邦德翁"。
② 特鲁松著：《卢梭传》，第1—2页。

卢梭的遗骸移葬邦德翁

法兰西共和历三年葡月二十日（公元1794年10月11日），巴黎的全体政要和各界代表把卢梭的灵柩护送到"供奉不朽的人的殿堂"邦德翁。

附录三 参考书目

《法国散文精选》，李平沤选编，北岳文艺出版社，1999年

卡尔·贝克尔：《18世纪哲学家的天城》，何兆武译，生活·读书·新知三联书店，2001年

雷蒙·特鲁松：《卢梭传》，李平沤译，商务印书馆，1998年

卢梭：《论科学与艺术的复兴是否有助于使风俗日趋纯朴》，何兆武译，商务印书馆，1997年

卢梭：《社会契约论》，何兆武译，商务印书馆，1987年

卢梭：《新爱洛伊丝》，李平沤、何三雅译，译林出版社，2002年

《卢梭散文选》，李平沤选译，百花文艺出版社，1995年

罗曼·罗兰：《若望-雅克·卢梭》，罗大冈译，载《罗大冈文集》第4卷，中国文联出版社，2004年

孟德斯鸠：《论法的精神》，张雁深译，商务印书馆，1982年

Condillac, Traité des sensations, Fayard, 1984.

Didenot, Oeuvres philosophiques, Garnier, 1964.

Emile, introduction par Michel Launay, Flammarion, 1996.

Emile, introduction par Tanguy l'Aminot, Garnier, 1992.

Etudes de Jean-Jacques Rousseau revue annuelle, éditée par le Musée Jean-Jacques Rousseau de Montmorency ; Directear et fondateur de la publication

Tanguy l'Aminot, Volumes I –XIII.

Introduction ā l'Emile de J.-J. Rousseau, Yves Varges, Presses Universitaires de France, 1995.

Jean-Jacques Rousseau, Politique et Nation, Actes du II e Colloque Internationl de Montmorency, 27 Septembre– 4 Octobre, 1995, Présentation générale de Robert Thiéry, Honoré Champion Editeur, Paris, 2001.

Pensée Libne, Association Nord-Américaine des Etudes Jean-Jacques Rousseau, Nos 3–7.

Robert Dorton, The Social Life of Rousseau-Anthropology and the loss of innocence, Harper's Magazine, July 1985, p.67–93.

Rousseau, Discours sur l'économie politique, Flammarion, 1900.

Rousseau, Discours sur l'origine et les fondements de l'inégalité parmis les hommes, Gallimard, 1965.

Rousseau, Emile, et la Révolution, Acter du per Colloque International de Montmorency, 27 Septembre –4 Octobre, 1989, publiés, par Robert Thiéry, 1992.

Rousseau, les Confessions, Librairie Générale Française; Le livre de poche, 1972.

Rousseau, Lettre ā Christophe de Beaumond, Arehevèque de Paris, ibid.

Rousseau, lettre ā d'Alembert sur les spectacles, Flammarion, 1900.

Rousseau, lettre e'crites de la montagne éd. Mignot éditeur, Paris.

Rousseau, Mémoire Présenté ā M. Mably sur l'éducation de M. sonfils, Oeuvres Complites de Rousseau, vol, 4, Gallimard.

Rousseau, Projet pour l'éducation de M. de. Saint-Marie, ibid.

Rousseau, J.-J., Oeuvnes complites, Gallimard, Bibliothèque de la pléiade, 1958– 1969, 4 volumes.

Tanguy l'Aminot, Images de Jean-Jacques Rousseau, de 1912 ā 1978, Taylor Instiution, Oxford, England, 1992.